O DEUS QUE ACHAMOS TER ACHADO
Deus para cristãos que se interrogam

Coleção Subsídios catequéticos
Batizados e batizadores – Pe. Zezinho, scj
O Deus que achamos ter achado – Pe. Zezinho, scj

Pe. Zezinho, scj

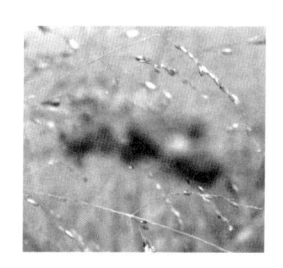

O DEUS QUE ACHAMOS TER ACHADO
Deus para cristãos que se interrogam

Subsídios para uma catequese em tempos de crise

VOLUME 2

paulinas

Dados Internacionais de Catalogação na Publicação (CIP)
(Câmara Brasileira do Livro, SP, Brasil)

Zezinho, Padre
  O Deus que achamos ter achado : Deus para cristãos que se interrogam : subsídios para uma catequese em tempos de crise / Padre Zezinho. — São Paulo : Paulinas, 2005. — (Subsídios catequéticos ; 2)

  ISBN 85-356-1581-4

  1. Catequese – Igreja Católica 2. Deus – Conhecimento 3. Fé 4. Vida cristã I. Título. II. Série

  05-4388   CDD-231.042

Índice para catálogo sistemático:
1. Deus : Conhecimento : Doutrina cristã   231.042

Citações bíblicas: *Bíblia Sagrada* – tradução da CNBB, 2ª ed., 2002.

Direção-geral: *Flávia Reginatto*

Editora responsável: *Celina H. Weschenfelder*

Assistente de edição: *Marcia Nunes*

Coordenação de revisão: *Andréia Schweitzer*

Revisão: *Alessandra Biral*

Direção de arte: *Irma Cipriani*

Gerente de produção: *Felício Calegaro Neto*

Fotos: *Pe. Zezinho, scj, e arquivo Paulinas*

Projeto gráfico e produção de arte: *Cristina Nogueira da Silva*

Nenhuma parte desta obra poderá ser reproduzida ou transmitida por qualquer forma e/ou quaisquer meios (eletrônico ou mecânico, incluindo fotocópia e gravação) ou arquivada em qualquer sistema ou banco de dados sem permissão escrita da Editora. Direitos reservados.

Paulinas
Rua Pedro de Toledo, 164
04039-000 – São Paulo – SP (Brasil)
Tel.: (11) 2125-3549 – Fax: (11) 2125-3548
http://www.paulinas.org.br – editora@paulinas.org.br
Telemarketing e SAC: 0800-7010081
© Pia Sociedade Filhas de São Paulo – São Paulo, 2005

APRESENTAÇÃO
A VILA NA MONTANHA

Tinha exatamente cem habitantes aquela vila na montanha. De quinze de seus picos, que se chamavam Picos das Religiões, podia-se vislumbrar o mar. Alguns dias eram mais claros, outros mais apagados, e noutros, ele desaparecia. Mas quem quisesse ver o mar, ainda que de longe, via.

Um dia, um grupo de pesquisadores foi à vila. A pergunta era óbvia:
– *Quem deles tinha ido a algum dos picos, para ver o mar, ou quem o vira de algum outro lugar?*

A resposta foi quase unânime, incluindo-se as crianças. Noventa e nove deles tinham ido aos picos e tinham tido uma boa idéia do que era o mar. Só um não fora lá, nem vira, nem se importava se o mar existia ou não. Uma vez, até que tentou vê-lo de outro lugar, mas, como estava nublado, desistiu. Estava bom para ele viver onde vivia. Não iria passar sua vida preocupando-se com o mar distante. Tinha muito que aprender, experimentar e viver ali mesmo, na montanha. Não vivia de tentar ver o mar que, além disso, certamente não seria como se via da montanha. Então, para que se importar com uma realidade que, lá perto, certamente seria totalmente diferente? Real, para ele, só a montanha onde vivia. O mar era um sonho distante, uma imaginação. Não negava que o mar existia. Só não se interessava por ele.

***

A segunda pergunta foi mais exigente: – *Quem de vocês já teve algum contato com o mar? Se acaso alguém não teve, por que não teve?*

Apenas 17 tinham ido lá e mergulhado em suas águas. Contavam maravilhas sobre o mar, suas ondas, seu conteúdo e sua grandeza. Não dava nem para descrever. Experimentar o mar que se vê de longe é outra coisa! Mudaram sua idéia de mar, depois que mergulharam nele!

Dos 99 que se interessavam pelo mar, 82 não haviam tido essa experiência por vários motivos: não sabiam como ir até lá, estavam ocupados demais com seus trabalhos na vila, ninguém os levara ou preferiam ver o mar de longe. Bastava-lhes saber que o mar existia e era bonito!

***

Dá-se o mesmo com a busca de Deus. Muita gente quer vê-lo **de longe**, outros não se importam com ele **nem de longe**, e uns poucos **querem mais** e fazem o que é possível para **mergulhar em seu colo**.

Venha comigo! Este livro pretende abordar esses comportamentos e alguns conceitos que, nos mais diversos grupos de fé, se tem e se ensina sobre Deus.

O autor

1
PROPAGANDISTAS DE DEUS

Deus existe e é maravilhoso! Já fui lá e, lá, eu senti Deus! Deus me fala aos ouvidos. Nós sabemos onde ele está e como chegar a ele. Por um pequeno preço mensal, nós lhe mostramos o caminho. Pague as despesas e lhe revelaremos como achá-lo... Só nós sabemos de que modo chegar até Deus. Os outros guias não são confiáveis. Não os ouça. Eles levam ao falso Deus. Quem conhece as trilhas e os caminhos somos nós! Deus é assim, diz isso, mandou fazer isso, mandou dizer isso, sua mensagem não é clara para vocês, mas a nós ele a revelou e somos seus melhores intérpretes! Conosco você verá como tudo é claro. Ele nos escolheu para levar a maioria das pessoas a ele. Conosco não há desvios! Somos os seus eleitos.

Nosso caminho para Deus é cheio de luzes e sinais claros. O dos outros tem curvas perigosas, precipícios e trevas. Portanto, venha conosco! Temos algumas exigências, mas o que são elas, comparadas ao que lhe daremos? No passado, muita gente levou almas a Deus, mas o caminho era sempre um pouco arriscado e tortuoso. Agora, não! Deus suscitou pessoas que sabem seguramente como levar você pelos caminhos tortuosos dessa vida até o lugar onde ele habita.

Em palavras diferentes, quem não ouviu isso? Os divulgadores de Deus parecem cidadãos da montanha, cada um num pico diferente, a dizer que do seu ângulo é que se vê a paisagem mais completa e mais encantadora. É claro que há um preço a pagar pelo uso do seu mirante, mas ninguém reclamará, porque pensará que aquela é a melhor visão que se pode ter de Deus.

Uma vez conquistado o turista, trabalha-se duro nele para que não queira ver mais nada, de nenhum outro ângulo, porque seria perda de tempo e, para o grupo, perda de adeptos... Por que procurar qualquer outra visão se aquela é completa, e seus guias, os mais bem informados de todos os guias da região?

Deus é maravilhoso, mas a maioria dos que o divulgam insiste que só se vê isso do seu observatório e ângulo. Mais: ninguém sabe levar a ele! Eles, sim! Mostram e levam! Não é trágico que pessoas que se dizem conquistadas por Deus joguem seus adeptos uns contra os outros e os encham de preconceitos? Quem agride o outro por ele não ver Deus com os mesmos olhos age como o sujeito que agride um cego, ou um míope, por não verem o que ele vê. Seu coração é mais míope do que os olhos dos irmãos que ele agride.

2
QUE DEUS É O SEU?

Perguntas às vezes incomodam. As de Jesus incomodavam. Quando quis saber dos discípulos o que o povo pensava dele (cf. Mt 16,13) e, deles mesmos, o que pensavam a seu respeito, estava pedindo uma posição. *Em quem você crê? Até que ponto você crê em mim? Quem sou eu para você?* Da sua parte, Jesus deixava mais do que claro quem era Deus para ele: era o Pai (cf. Jo 2,16; 4,21; 5,17). Em mais de duzentas passagens, fala de Deus como o Pai que ele conhecia e queria dar a conhecer ao mundo. Deus não era distante. Era Pai e se importava, a ponto de até saber o número de cabelos que temos na cabeça (cf. Mt 10,30). Nem um desses cabelos se perderia (cf. Lc 21,18). Esse, o carinho do Pai, cheio de cuidados e detalhes.

A pregação de muitos cristãos, que às vezes segue o filão do Deus que pune ou do Deus que recompensa quem crê e obedece, não raro despreza e pisoteia esse conceito transversal de Deus. Mas é esse conceito que permeia toda a doutrina cristã sobre o ser de Deus. **Ele se importa, ama e sabe o que quer para nós!** Fica, pois, por conta do temperamento e das idéias preconcebidas dos pregadores o acento ou na justiça ou na misericórdia ou na mais-valia... **Anunciam um Deus que ama porque faz milagres e dá e não um Deus que ama e sabe o que é melhor para nós.**

Se o seu deus é um deus que vai lhe dar um prêmio por você ter sido bonzinho para com ele, como o irmão do filho pródigo; ou o contrário: vai castigar você e está de caderno na mão exigindo prestação de contas, não deixa passar nada e cobra juros de tudo; se você crê num deus que deixa passar tudo porque faz vistas grossas àquele dinheiro arrancado do povo à custa de um agressivo *marketing* da fé; se a moral da sua Igreja é flexível a ponto de fazer a Palavra de Deus se ajustar às idéias do pregador ou inflexível a ponto de não perdoar praticamente nada; se seu pregador faz Deus dizer o que Deus nunca disse, cita a Bíblia fora de contexto, usa trechos dela para atacar outras Igrejas e não ensina os trechos que mostram que a outra Igreja não está assim tão errada (como na questão das imagens); enfim, se seu deus faz tudo o que você quer que ele faça e lhe fala o que você quer ouvir e até faz milagres com hora marcada e em lugar indicado, então, está na hora de rever o seu deus.

O deus dos seus pregadores não é o mesmo Deus do qual a Bíblia fala. Se seu deus engorda a sua conta no banco porque você freqüentou uma reunião de empresários e decidiu pagar o dízimo, é melhor rever sua Bíblia, porque, pelo menos no Novo Testamento, está mais do que claro que o tilintar do dinheiro na caixa não é sinal de eleição. Ter sucesso financeiro e ser vencedor na carreira, nos negócios e na política não fazem parte das promessas de Jesus, nem dos apóstolos. A pregação de Jesus trata de caridade, paz e felicidade, que conseguimos levar aos outros.

Que deus andam anunciando para você? Que imagens de Deus você anda vendo, ouvindo e engolindo? Que imagens de Deus anda semeando? Acredita em recitar rosários e orações infalíveis, daquelas às quais Deus não resiste porque tem que atender? Ou Deus continua livre para lhe dizer não sobre aquele assunto? Você é dos que anunciam que se o fiel fizer isso mais aquilo, Deus dará isso mais aquilo? Ou deixa que Deus decida? O deus que você acha que o ama tem que fazer as coisas como você queria ou pode não atender àquele seu pedido e, ainda assim, amar muito você? E se ele atender-lhe, vai haver gratidão?

Assim como o Deus de todos, seu deus pensa mais em você do que no todo? Quando fala de Deus, fala dele e você ou dele e do seu povo, incluindo todos os grupos de fé e não apenas o seu grupo eleito e superiluminado? Quando pensa em Igreja, pensa em toda a Igreja ou na sua turma que se reúne às quartas-feiras ou freqüenta acampamento três vezes por ano? Sua visão de Deus, Pai de todos, é abrangente ou ele fica mais pai do grupo que você freqüenta? O sol dele brilha só no telhado da sua igreja e do seu grupo ou também em todos os telhados? Você se encanta com as maravilhas que ele fez e faz nos outros e pelos outros? É capaz de louvá-lo por ver uma pessoa boa e feliz de outra religião ou, por ser ele de outra religião, não acha que Deus tenha feito grandes coisas nele, se fez, fez de forma errada?

Seu deus cabe dentro de seu pequeno cérebro e de seu coração ainda menor ou é maior do que seu coração e sua cabeça e pode estar em outras pessoas e outras religiões, amando-as também? O fato de você achar que está mais certo obriga o seu deus a abençoar mais você dos que os outros ou faz você ficar ainda mais feliz por saber que Deus está atuando nos outros, que talvez saibam menos do que você? Milagres, só na sua Igreja? Milagres, só no seu grupo de Igreja? Você anuncia um Deus com d ou D? **A triste verdade é que muitos pregadores e fiéis escrevem Deus com d maiúsculo, mas anunciam e vivem Deus com d minúsculo. Reduzem Deus ao tamanho da sua fé estreita, míope e fechada. Não conseguem ver beleza num culto ou numa missa que não sejam do jeito do seu grupo e com os sons dele.**

Aí vem Jesus e diz que o que fizermos pelos outros estaremos fazendo a ele (cf. Mt 10,42; 18,14; 25,35-46). E isso vai garantir nosso encontro definitivo com Deus ou o eterno desencontro. Seu deus diz a verdade, assim mesmo você é capaz de ver beleza nos outros credos? Você é capaz de ver Deus agindo fora do seu círculo de salvos e iluminados que nem sequer podem torcer por um time de futebol? Está de cabeça e olhos tão enterrados no colo da sua Igreja e de seu grupo que ninguém e nada mais importam? Faz como o menino dengoso que achou o colo da mãe e simplesmente não quer mais nada com quem lhe fale? Acha que aquele colo é só dele e ninguém mais o tasca? Afasta os irmãos daquele colo porque o colo é só seu? Ou você já chegou ao estágio de partilhar o mesmo colo de Deus com os demais que não são tão santos como você, nem foram ainda batizados no Espírito como você? Lembra-se, de vez em quando, da parábola do irmão do filho pródigo, que ficou chateado e se recusou a participar da festa, porque o irmão ganhou colo e perdão do pai? (cf. Lc 15,1-32).

Em nome de que deus você justifica essa dureza de alguns cristãos diante do outro que crê ou prega diferente? Por que não se misturam? Por que não aparecem nos encontros ecumênicos? Por que aparecem só quando podem e raramente conseguem ir aonde são apenas número como os outros? Que deus você anuncia? O que o fez uma pessoa especial? E isso quer dizer o quê? Que o outro não é? Se você é especial, o outro é o quê? Ou Deus não cuida dos cabelos da cabeça do outro? Ou o colo de Deus é só seu e dos que cantam, oram em línguas, falam e pregam como você? Quem lhe ensinou isso? E quem disse isso não lhe mostrou as outras passagens da Bíblia ou encíclicas como a **Redemptor Hominis**, de João Paulo II, em que está mais do que claro que o outro é o nosso caminho para o céu? Que lugar você acha que ocupa na mesa do Reino?

As perguntas que lhe fiz serviram também para mim. Perguntas incomodam, mas sem respostas a elas fica difícil dizer em que deus nós cremos. Deus com **D** ou **d**? O Deus verdadeiro ou um deus que assinou contrato de exclusividade conosco e com a nossa Igreja?

Experimente respondê-las. Se não puder dizer que quer bem a todo mundo, nem consegue chamar de irmão e mostrar carinho para com quem crê ou prega diferente; se não consegue dizer sem ódio algumas verdades para esse seu irmão e ouvir as verdades dele; se não fica feliz quando o vê falando e cantando; se se fecha preconceituoso porque aquela banda não é do seu movimento e se só cultiva livros, canções e mensagens do seu grupo seleto, está na hora de rever sua crença em Deus.

Acha que achou? Pegou a melhor parte e, agora, os outros que se virem? É assim que você entende o episódio de Marta e Maria? Qual dos irmãos é você na parábola dos dois filhos? O pecador que volta ou o irmão que se revolta? (cf. Lc 15,11)? Se não puder respondê-las ou não quiser, já sabe que tem ciúmes do que Deus dá aos outros. É mais um menino dengoso afastando os outros irmãos do colo que ele acha que é só dele.

Uma das piores coisas do mundo é o ciúme religioso. O irmão que possuía tudo se negou a participar do encontro com o irmão que o pai ainda amava (cf. Lc 15,28). Tomemos cuidado com a teologia da eleição. Ela quase sempre inclui a rejeição do outro! Se nos proclamamos "mais do que", é porque achamos que os outros são menos!

3
O EZALTINO QUE VIU DEUS

Ezaltino era um caboclo sacudido e resolvido. Espécie de ermitão que acabou cuidando de hortas e bananeiras. Não saía, não experimentava nada dessas *modernagens que há por aí*. Continuou de botas de cano e lenço no pescoço, coisa do tempo de vaqueiro. O isqueiro ainda era de pano queimado, em que se utiliza duas pedras especiais para acendê-lo. Lamparina era melhor do que *luiz inlétrica*. Fumo de rolo melhor do que cigarro de venda. Não comia manteiga, porque manteiga afinava as tripas. Já idoso, aceitou ser entrevistado e, entre lapsos de lucidez e confusão mental, em dado momento, disse em alto e bom som, com aquele sotaque do interior mais interior que se possa imaginar: – *De Deus eu entendo! Conheço o Pai Eterno! Já estive no céu várias vezes. Se qué sabe as explicação de quarqué mistério, é só preguntá que eu sei cumé qui é.*

Soou engraçado, mas, depois, repassei o conteúdo de várias pregações que já ouvi no rádio e na televisão e percebi que o Ezaltino não estava sozinho nessa certeza. Muitos deles falam como se Deus falasse apenas com eles e tivesse explicado a eles, e só a eles, os mistérios mais arcanos do céu. Quando alguém garante que sabe onde e como é que é, aí mesmo é que não sabe do que está falando. Jesus alerta para esse fato em Mt 24,24. Mandou desconfiar dessa gente. Ou estão fora do juízo, como Ezaltino, ou sabem muito bem que estão enganando o povo para que vá a seu templo ou para o que acham que é o maior do mundo. Descobrem sempre um jeito de serem os maiores em alguma coisa. Às vezes, conseguem três ressurreições numa só noite... Jesus fez três em três anos... E o fazem pelas ondas de rádio!

Seria fácil crer no que eles dizem se Deus não fosse tão misterioso. Mas ele o é. Há 99,9% de chances de estar enganado o pregador que diz que Deus lhe contou algum segredo. Ou ouviu o que queria ouvir, ou não entendeu o que lhe foi inspirado. **Ninguém jamais viu Deus** (cf. Jo 1,18), a não ser o Filho de Deus. **E, dos que disseram que o viram e ouviram, pouquíssimos viveram de acordo com o Deus que viram e ouviram.**

Deus escolheu aparecer para a pessoa errada ou a pessoa errada e confusa inventou uma aparição que não existiu (cf. Jr 14,14)? As chances que inventou são 99,9% maiores do que a chance de que realmente viu (cf. Mt 7,15; 24,11; 24,24)!

Convém que as Igrejas revejam seus videntes. Poucos passam no teste de veracidade. Confundem o verossímil com o verdadeiro!

4
DEUS DO JEITO ERRADO

É duro ter que dizê-lo, mas é preciso que se diga. Ninguém de nós pode dizer que crê em Deus do jeito certo. Nós achamos que o nosso jeito é o correto e que não estamos errados quando falamos dele, mas sempre vai haver imprecisões e imperfeições. Como, segundo João, nunca ninguém jamais o viu, exceto Jesus (cf. Jo 1,18; 3,32; 6,46) e, segundo Paulo, dele tudo o que vemos agora é um reflexo sofrível e pobre, como se o víssemos num espelho embaçado (cf. 1Cor 13,12). É muita ousadia querer que todo mundo fale de Deus ou pense em Deus como nós pensamos. O nosso jeito não é necessariamente o mais correto. Pode haver e há pessoas que o conhecem melhor do que nós. E isso é que entala na garganta do crente presunçoso. Ninguém sabe mais do que ele ou do que o seu grupo!

O crente humilde reconhece que sabe pouco sobre Deus. É mais o que ele não sabe do que aquilo que ele sabe (cf. Jo 1,26; 21,25; At 3,17). É também pensamento de santo Tomás de Aquino e está no catecismo da Igreja Católica. Nós, católicos, reconhecemos que, sobre Deus, o que não sabemos é muito mais do que se sabe. Ele é maior do que todas as cabeças, todas as filosofias e teologias juntas. Deus é muito mais do que pensamos que ele é. Por isso, toca as raias do absurdo alguém que se acha tão porta-voz e defensor dele matar ou mandar matar quem não crê em Deus ou quem crê de um jeito diferente (cf. 1Rs 18,20-40). Foi o caso do profeta Isaías, que mandou matar os sacerdotes de Baal a quem já humilhara. A última coisa que Deus aprova é que alguém seja morto porque duvidou dele. Estavam errados os profetas e líderes que mandaram matar ou mataram pessoas por causa da sua fé em Deus (cf. 2Rs 10,25). Jesus disse que não é por aí que se vai a Deus.

Existe o crente para quem está e sempre esteve claro que Deus existe. É tão óbvio para ele, que chega a escandalizar-se com a idéia de que alguém ainda duvide. Há crentes que já duvidaram, mas agora não duvidam mais. Sim, Deus existe e ama! Viram o suficiente para concluir como concluíram. Há também o crente que, às vezes, ainda tem suas dúvidas. Não está tudo claro para ele, mas encara isso como sofrimento. Gostaria de não ter as interrogações que tem, mas elas aparecem. Então ele ora, pedindo mais fé. Os apóstolos também pediram isso a Jesus (cf. Lc 17,5).

Existem ateus que gostariam de crer, e ateus que nem pensam nessa possibilidade. Muitos crentes de ontem, que jamais pensaram na possibilidade de deixar de crer, tornaram-se ateus. Muitos ateus, que jamais pensaram na hipótese de vir a crer, hoje confirmam sua crença em Deus. Paulo, que era contra Jesus, tornou-se fervoroso discípulo! **Salomão morreu adorando falsos deuses, ele, que construíra um templo para o verdadeiro Deus** (cf. 1Rs 11,4-13).

Crer não é assim tão simples. As três mães maravilhosas e o casal piedoso perderam os cinco filhos no mesmo acidente, porém tiveram reações diversas. Duas, agora, duvidam de Deus, o casal chora, mas aceita a vontade do Criador, e uma outra mãe tem certeza de que Deus sabia o que havia feito quando lhe deu o filho e depois o levou. Podemos achar o que quisermos a respeito desses pais e mães, mas Deus sabe o que se passa dentro deles. E Deus saberá como acolher os que o amam, os que o aceitam e os que o negam.

Ele existe e vai continuar existindo e amando, mesmo que neguemos sua existência ou deixemos de amá-lo. *Um ser imaginado precisa de nossa imaginação para existir. Mas o ser real não precisa de nós para ser quem é.* Embora invisível, Deus é tão real que a Bíblia até proíbe imaginá-lo! Imaginaríamos de forma errada! É o que faz a maioria dos crentes. Imaginam que Deus é como eles acham que é e, quando podem, enfiam seu jeito de crer pela goela dos outros.

A diferença entre eles e Deus é que Deus se revela e se comunica. Eles o impõem com um discurso que, muitas vezes, és prepotente, presunçoso e intolerante. Já viu o que alguns pregadores andam dizendo no rádio e na televisão? Alguns deles estão tão certos, que até dão hora, dia, endereço e lugar para o milagre acontecer; o que não deixa de ser uma forma de ateísmo. Sujeitam Deus ao seu relógio e chegam a dar a Deus, pelo rádio, o endereço do local onde aquele pregador estará atuando! Como se Deus não soubesse!

5
EU SEI MAIS DO QUE VOCÊ

Livros de religiosos e estudiosos da religião, alguns deles ateus, estão hoje nas livrarias do mundo inteiro, analisando o fenômeno da fé em Deus e o das religiões.

Pregadores de todas as religiões do mundo – e são milhares –, em milhões de livros, panfletos e bilhetes, programas de rádio e televisão, estão dizendo ou que Deus existe e se preocupa com todos, ou que existe mas está apenas com eles. Ou, ainda, sem nenhum pejo, afirmam que sabem mais do que os outros. Deus fala com eles! Repetem filósofos como Sócrates, Aristóteles, Platão, Zenon, Pirro ou fundadores de Igrejas e grupos, como Montano, Calvino e Zwinglio. Tinham certeza de que Deus não era como os outros diziam. Esqueceram-se de avisar que Deus também não era como eles diziam.

Se alguém disser que seu deus, isto é, o Deus em quem ele crê, é o único e verdadeiro, implicitamente estará dizendo que o Deus dos outros é falso. Fala da cegueira ou miopia do outro, mas nem de longe admite que haja cegueira ou miopia nele ou em seu grupo. **Não lhe ocorre a hipótese de também ele possuir uma crença errada no Deus certo.** Uma coisa é crer que Deus existe, outra, sair por aí dizendo como Deus é. O existir de Deus pode ser claro, mas o modo de Deus existir é bem mais difícil de explicitar.

Quando alguém diz que sua Igreja é a verdadeira porta-voz desse Deus único e verdadeiro, está afirmando que os outros não estão nem vendo, nem falando, nem entendendo tão bem como eles. É possível crer em Deus com profunda convicção e aplaudi-lo por estar iluminando também os que o contemplam de outro ângulo? O "sim" ou o "não" determinará que tipo de religioso você é: caridoso e respeitador ou intolerante e fanático. Há míopes que enxergam melhor do que outros míopes. E há míopes que, além de enxergarem pouco, ainda discutem com os outros sobre o que eles mesmos mal conseguem ver.

Os pregadores, às vezes, parecem míopes discutindo para ver quem viu mais. O melhor deles é o que fala do pouco que vê, mas respeita quem diz que vê diferente. Os piores são os que, além de serem míopes, ainda impõem as suas lentes e recomendam seus óculos que servem para resolver apenas sua miopia, como se eles servissem para todo mundo. Não há coisa mais perigosa do que um fanático com dinheiro e mídia a seu favor. Jesus já falou disso na parábola dos cegos que guiam outros cegos (cf. Mt 15,14). Os dois acabam caindo no buraco!

Uma boa dose de ecumenismo talvez nos ajudasse a chegar mais perto do Deus que dizemos conhecer. Mas praticar o ecumenismo seria admitir que não sabemos tudo e que o outro tem valores com os quais poderíamos aprender. É demais para quem se acha o "único"!

6
TODA VEZ QUE EU PENSO EM DEUS

> *O Todo-Poderoso não habita em casas feitas pelo homem...* (cf. At 7,49-51).

Toda vez que eu penso em Deus – e faço isso muitas vezes, embora sejam menos vezes do que deveriam ser –, me vem a idéia de um ser supremo, acima de minha compreensão, maior do que tudo aquilo que se possa imaginar, totalmente ele mesmo, indescritível, inenarrável, Todo-Poderoso, santo e infinitamente sábio. Está no templo, mas não mora apenas ali. Deus é muito mais.

O Deus em quem eu creio não tem forma ou, pelo menos, não se parece com nada nem ninguém que conhecemos. Não é um ser humano, mas é um ser; não é uma pessoa humana, mas é uma pessoa. Toda vez que eu penso em Deus, faço minha mente adaptar-se, até onde ela pode, ao infinito que ele é e deixo de inventar imagens, figuras e conceitos, que acabam sempre dando no limite humano (cf. Sl 42[41],7; At 7,42-50).

Toda vez que eu penso em Deus, penso num ser ilimitado. Mas há coisas que ele não pode ser nem fazer. Por exemplo: odiar ou pecar. Isso é coisa que Deus não pode nem faz. Seria negar-se totalmente.

Sempre que eu penso em Deus, penso em pureza. **Não penso em luz, não penso em energia, não penso em forças da natureza, não penso em coisas, objetos ou acontecimentos.** Tento repousar meu ser e minha mente, num ser infinito e totalmente diferente de tudo o que se conhece. É difícil, mas é preciso. **Deus não pode estar preso ao que imagino! Quem tem que se libertar da prisão da minha imagem sou eu!**

Se alguém me perguntasse qual é a idéia que eu tenho de Deus, demoraria meses e anos para explicar e não explicaria. Assim, eu resumo tudo da seguinte maneira: *Não sei como Deus é. Não sei quem Deus é. Mas eu sei que ele "é". Mais importante ainda: – Ele me ama!* (cf. Jo 3,16; Jo 13,34).

7
A PAISAGEM

Igual a uma imensa paisagem que ser humano algum tem a capacidade de descrever, assim é Deus. Só podemos descrevê-la do nosso jeito e, ainda assim, com todos os limites de nosso ângulo, que é sempre estreito, seja de crente, ateu, agnóstico, judeu, cristão, católico, evangélico, ortodoxo, maometano ou espírita. Nenhuma pessoa e nenhum grupo de pensamento sabem o suficiente para dizer que conhece Deus. Como ele é (cf. 1Cor 13,12).

O problema é que todo mundo se apressa a dizer que Deus é apenas o que ele vê, ou imagina que seja ou não seja. **As religiões e as outras ciências humanas, posto que religião é também uma forma de saber limitado, abrigam muita gente vaidosa que gosta de concluir depressa demais que o que elas sabem é o que deve ser sabido.**

A idéia de Deus continua maior do que todas as ciências, todas as religiões e todas as cabeças que já tentaram desvendá-la. Continuamos e continuaremos a não saber o suficiente sobre o Criador do Universo.

8
DENTRO DEMAIS PARA ENTENDER

Quando enfio meu nariz num livro ou num tronco de árvore, de tão perto e de tão dentro, não consigo ver nem o livro nem a árvore. Para ver mais, é preciso perspectiva: nem longe demais, nem perto demais! Nossos olhos são limitados. Assim são os olhos da fé. O crente, com o nariz enterrado num só tema, não vai ter noção melhor de Deus, porque enfiou seu nariz naquilo que lhe agradava, nem admitir a perspectiva de ver mais para saber mais. Sem perspectiva, só verei um pedaço do que posso ou devo ver. Será uma visão sempre parcial, senão deturpada! Sem perspectiva, é impossível ter fé madura.

Os grupos sectários padecem dessa miopia ou viseira. Tornam-se parecidos com o caipira que comprou um par de óculos novos e bonitos e acha que, por isso, está vendo mais do que os outros... Agarram-se ao que lhes interessa e não aceitam dialogar com outros grupos de fé. Sobrepõem-se a eles, ocupam seu espaço, acham que quem foi catequizado pelos outros não está devidamente catequizado e sonham que um dia o mundo inteiro terá sua visão míope, parcial e deturpada de Deus. A irmã tem que mudar para a Igreja dele, porque na outra o batismo era de piscina ou de pia e na dele é de água corrente! Só falta dizer que é de água importada do Rio Jordão...

No fundo, querem que todo mundo meta o nariz na mesma árvore em que meteram o seu, falem do seu púlpito e cantem ao seu microfone, do jeito que suas lideranças decidirem.

Os ateus, que pretendem negar Deus em nome da ciência que conhecem – e certamente conhecem pouco –, e os crentes, que o afirmam depressa e superficialmente, cometem o mesmo erro. Falam de boca cheia contra ou a favor de um todo que nunca viram nem verão neste mundo. Mal construíram sua casinha ainda frágil e já saem por aí, sem maior aprofundamento ou leitura, testemunhando e ensinando que aquele é o único tipo de casa que resiste ao tempo... Isso até que se prove sua fragilidade. Entusiasmo é bonito, mas já levou muita gente a erros colossais. **A fé em Deus precisa conter mais do que entusiasmo. Também tem a ver com fraternidade, cultura e inteligência.** Precisamos de pregadores que, além de entusiasmados, sejam bem informados.

É a falta de perspectiva que gera o ateísmo científico ou as religiões imediatistas. São duas faces da mesma moeda. Pretendem saber mais do que aquilo que realmente sabem. Então substituem a falta de conhecimento por milagres impressionantes, a maioria nunca comprovada. Sem humildade, não dá! **Eu creio** é um jeito bem mais honesto do que dizer **eu sei**. **Duvido** é bem mais honesto do que dizer **eu nego!**

9
DOIS CIENTISTAS

Eram dois renomados cientistas. Um deles descobriu uma importante verdade sobre o passado do Universo. Apressou-se a proclamar:
— *Estamos a caminho de provar que Deus não existe!*

O outro descobriu, por outros caminhos, a mesma verdade. E proclamou sereno: — *Talvez estejamos perto da existência ou não-existência de Deus. É uma descoberta importante, mas muito pequena diante do que ainda não sabemos sobre o Universo. Temos que mudar os dados que possuímos a cada nova descoberta. A comunidade científica sabe muito mais do que sabia e muito menos do que já poderia saber. Ainda não é hora de tirar conclusões tão abrangentes!*

Um dos dois era mais ateu que cientista! Há cientistas que, sem o perceber, desejam que Deus não exista! Há crentes que, sem o notar, desejam que Deus seja como eles o anunciam. Mas Deus não depende do desejo nem de um, nem de outro para existir. O fogo existe, mesmo que eu diga que ele é ou não é fogo. Existiu antes de mim, vai acender depois de mim...

10
ALGUÉM ME QUIS AQUI

Um grande outro, a quem chamo **Deus**, nos criou a todos, e graças a ele podemos dizer "**eu sou**", porque foi o primeiro que usou essa expressão e continuará a usá-la até todo o Universo terminar.

Esse ser que é **quem** é (**Javé**), um dia, resolveu me criar, colocou-me aqui, neste tempo, nesta era, nesta hora, desses pais, com esses irmãos e nesse povo. Não o fez por acaso. Quis criar mais uma vida e me quis feliz.

Nasci para ser feliz, porque Deus não cria ninguém para ser infeliz. É meu primeiro chamado. Nasci para fazer os outros felizes. É meu segundo chamado. Cada um de nós precisa descobrir como ser feliz e como fazer alguém feliz pelo amor, pela convivência, pelo trabalho, pela profissão, pela palavra, pelos gestos, pela fé, pela cultura e por tudo o que pode facilitar a vida do meu irmão.

Se sei fritar ovos e fazer pastéis, posso resolver o problema de muita gente. É um jeito. Se faço curativo no pé do meu amigo, é outro jeito. Se carrego a cruz com ele, outro jeito! Se entendo de remédio, se opero, se limpo as ruas, se preparo carne, se planto verdura, se dou aulas, se fabrico brinquedos e faço pão, tudo faz parte da minha missão de ser feliz fazendo o que faço e ajudar o meu irmão a ser feliz com o meu trabalho ou minha capacidade.

Nasci para ser feliz e fazer os outros felizes. Minha religião pode me atrapalhar ou me ajudar nisso. Tenho o exemplo de milhares de santos que conseguiram. Tenho os ensinamentos da minha comunidade de fé. Tenho a Bíblia. E o que é mais importante: tenho Jesus!

De fazer alguém feliz, ele é quem mais entende!

11
A CRIAÇÃO E O CRIADOR

Guarde este conceito: Deus não criou.
Ele está criando. A Criação não terminou!

Não sei no que você pensa quando olha para cima e vê milhões de estrelas. Aquilo "foi" criado ou "está sendo" criado? Quando vê milhões de pessoas reunidas, afirma que Deus as criou ou está criando? Qual o seu conceito de **Criação**? Passado ou presente? Ato concluído ou ato continuado?

A criação ainda é vista por muitos religiosos de maneira fundamentalista, pouco científica e pouco teológica. É espantoso constatar que na televisão, em pleno século 21, um pregador ainda ensine a seus fiéis que Adão e Eva nasceram há quatro mil anos... Isso demonstra que ele realmente não leu nada, nem tem nenhum estudo além da sua Bíblia, o que é pouco para um pregador. De um homem que pretende ensinar a viver, espera-se mais do que apenas ensinar a leitura da Bíblia e interpretá-la segundo o que ele acha que Deus lhe diz. Chega a ser pecado de orgulho não querer aprender com os outros, os quais Deus também iluminou.

Ainda assistimos a pessoas que duvidam que Deus continue criando. Ainda dizem que Deus descansou no sábado e está descansando até agora. No dizer deles, Deus parou de criar, porque isso está na Bíblia. Não conseguem entender que Deus foi, continua e continuará Criador. Criou, cria, continua criando e criará, enquanto for da sua vontade. Deus se importa, modela, plasma, educa, chama e confia em sua obra, que não está terminada, não está completa e não é perfeita. **Deus é perfeito, mas o que ele criou não é perfeito. São Paulo afirma que a criação geme as dores do parto esperando a sua plenitude** (cf. Rm 8,22). Diz, também, que completa no seu corpo aquilo que está faltando à obra da redenção (cf. 1Cor 9,27).

É doutrina das Igrejas cristãs, com fundamentação teológica sólida, que Deus não faz tudo por nós. Nós temos que fazer nossa parte. A graça, de certa maneira, nunca vem de graça, porque ela supõe a cooperação do ser humano. Deus é misericordioso e dá, mas tem suas exigências. Foi Jesus mesmo que disse que vai pedir mais daquele a quem mais foi dado. A correspondência do ser humano à graça é que vai lhe dar o céu ou não (cf. Mt 18,35). Por isso, Deus é como o sol que brilha e emite luz o tempo todo, e nós somos como a Terra, que não a capta sempre, porque às vezes lhe viramos as costas. Muitas vezes, não sentimos a graça, porque nos enterramos nos nossos buracos ou lhe fechamos nossas portas. **Não culpemos o sol pela escuridão que nós criamos.** Não culpemos a Deus por ter prejudicado sua criação. Ele continua criando a cada segundo, a cada minuto. **Deus não parou de criar. Ele é essencialmente Criador.** Nós é que, muitas vezes, agimos como filhos malcriados e não o deixamos nos criar à sua maneira... Deus nem sempre força, exceto em alguns raros casos, como Jeremias (cf. Jr 1,6-8), Jonas e Saulo (cf. At 9,1). Ele segue trabalhando em nós, se lho permitimos (cf.1Ts 2,13)/(cf. 2Ts 2,13).

Nosso "sim" determina se ele vai completar ou não sua obra em nós (cf. Fl 1,6). Nosso "não" às vezes prejudica a obra de Deus (cf. Rm 14,20). Somos chamados a *co-operar*, mas, quando não *co-operamos* com Deus, alguém sai prejudicado, já que era tarefa nossa. **Deus não faz tudo: muitas vezes, ele delega! Jesus delegou!** Delega aos pais a criação das vidas que faz nascer neste mundo. Se os pais não *co-operam*, o novo ser humano pode se desencaminhar e não cumprir sua finalidade. Se as Igrejas e o Estado não ajudam, esse ser humano não conhecerá a justiça nem a paz. O *crescei e multiplicai-vos e dominai a Terra* era para ser mais do que um ato mecânico de geração de filhos (cf. Gn 1,28). Devia ser um processo de *co-operação* com Deus em todos os estágios da vida humana. Quando alguém se limita a apenas jogar filhos no mundo e não os ama, subverte a obra da criação.

Quem mata um ser humano descria. Quem destrói uma floresta descria. Quem seca uma fonte ou suja um rio descria. É essa a triste história do ser humano que, em muitos casos, se revela um *co-operador* da criação e noutros é um *descriador*. Deus faz e ele desfaz! Para a Igreja, a depender da gravidade do ato, é um pecado de rebeldia contra Deus. Uma coisa é colher uma flor e jogá-la fora. Não é crime, mas já é um ato imaturo. Outra é tirar uma vida ou secar uma fonte: é crime contra Deus, contra o ser humano de agora e do futuro!

Não nos enganemos. Somos responsáveis pela criação. Deus nos deu essa responsabilidade (cf. Gn 1,28-30). Quem escreveu aquele texto sabia muito bem o papel do ser humano na tarefa de ajudar a criar ou *descriar* a vida na Terra...

12
O DEUS ONIPRESENTE

No filme *ET - O Extraterrestre*, de Steven Spielberg, que deliciou milhões de espectadores, a primeira reação de um menino que não pretendia se comunicar com o desconhecido foi medo. Jogou uma bola e alguém a devolveu. Foi ridicularizado por jurar que vira alguma coisa lá. A segunda reação foi querer saber quem ou o que havia lá. Jogou suas sementinhas onde outros, não com a mesma inocência, andavam em busca do mesmo fenômeno. O desconhecido devolveu-lhe a semente, e ele o viu. A experiência abalou aquela cabecinha. Ele agora estava se comunicando com alguém diferente que, para ele, deixava de ser uma coisa. – *Me, human, boy, Elliot*. Apresentou-se. Ensinou-lhe o que sabia. Mostrou-lhe seus brinquedos. Comunicou-se.

Mostrou-lhe o que era de verdade e o que era brincadeira. Não o conhecendo, as primeiras reações eram um susto atrás do outro, uma descoberta após a outra, até que aconteceu a confiança entre dois seres totalmente diferentes. – *I have power!* (– Eu tenho poder!), diz ele ao irmão Michael, após a descoberta. Mas ninguém deveria saber, senão eles não entenderiam! Do medo, passaram à bondade e à proteção. Protegeriam sua descoberta. Mas a irmãzinha não resistiu. Era verdade demais para ela guardar sozinha!

Reunidos num morro, eles contemplam a cidade, onde há os que também procuram o desconhecido, mas não o acham, porque suas intenções não são boas. Eles, os de coração puro, encontraram um amigo diferente, nem bonito, nem feio, que, porém, é capaz de devolver vida às flores mortas. Finalmente, o desconhecido diz de onde veio: de sua casa, que ficara nas estrelas! – *What are you doing? What's happening?* – perguntam. E ele indica: – *Não entendo*. As crianças dizem: – Tenho medo!

– *Imaturo, zero carisma!* – as crianças se acusam. Quem acha que viu se defende e agride. Quem não viu também se defende e agride. A mulher-mãe também suspeita, mas procura entender e também acha. Lutam o tempo todo pelo seu ET que tanto incomoda os outros, mas tentam ajudá-lo a voltar para o lugar de onde veio. Ficam a paz e a saudade dele. Tinham vivido o mistério e saído do medo para o diálogo.

– *He came to me!* (– *Ele veio até mim!*) – diz o abalado Elliot. Pede respeito dos cientistas e dos outros pelo que ele descobriu. – *Não maltratem sua verdade!* Os cientistas também não sabem, mas ao menos investigam. Dá-se o mesmo com relação a Deus, o Grande Desconhecido, que nos visita sem que o busquemos. Somos como aquelas crianças do filme de Spielberg. Enquanto não aprendemos a dialogar, passamos do medo à dúvida, da dúvida ao ridículo, do ridículo ao senso de que somos especiais e temos poder absoluto, e do senso de poder à intolerância, à briga e ao proselitismo. É a história do fundamentalismo e do fanatismo dos religiosos. Milhões deles não se abrem ao diálogo e fazem de tudo para que os outros vejam tudo do seu ângulo e com as suas lentes. Quando alguém não aceita sua miopia, ofendem-no em pregações quase sempre exaltadas e cheias de certeza.

Finalmente, com a comunicação estabelecida e a capacidade de dialogar e orar de verdade exercida, começamos a ser felizes, serenos, tolerantes e bons. Defendemos a verdade como a vemos, sem ódio. Pagamos um preço por essa postura, mas é a única que pode fazer um crente feliz. Ele, até ontem desconhecido, cura feridas! Dá vida a uma flor. Ele nos muda e nos faz felizes!

Spielberg e o roteirista do filme nos brindaram com uma belíssima parábola contra o fundamentalismo dos crentes, das seitas, dos prosélitos, dos possuidores do poder supremo, dos religiosos sabichões, dos crentes mais crentes do que os outros, dos ateus agressivos, dos incapazes de ouvir os outros, dos que levam a religião a sério demais, dos que continuam rasos e tolos, dos que querem para negócio e poder, porém, a favor dos que aceitam crescer e aprender com os outros. É tudo o que alguns crentes fundamentalistas de hoje não querem! Deveriam rever o filme.

Pensando bem, nada mudaria! Os fundamentalistas dariam um jeito de provar que a tese do filme é errada. Agiriam como crentes perseguidos e, depois, vencedores e senhores da verdade. *Deus está com eles, é deles e só se comunica com eles!* – dizem ou dão a entender. À saudação das outras igrejas, o *"Senhor esteja convosco"*, responderiam em palavras e ações: – *Isso mesmo! Ele está conosco! Passem lá no nosso templo e conhecerão a verdade! Vocês ainda não foram batizados no Espírito e não a conhecem.* É trágico, mas é o que acontece!

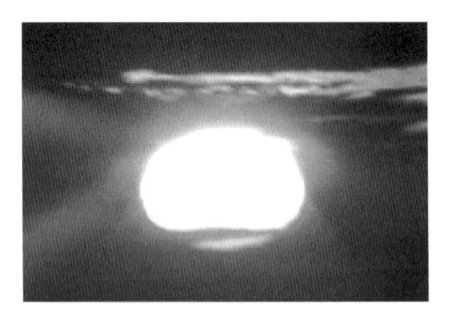

13
AQUELE QUE É QUEM É

Javé, "Aquele que é quem é"; "Aquele que é ele mesmo": eis a descrição que Moisés apresenta ao falar de Deus. Tendo tido um encontro com esse ser extraordinariamente poderoso, Moisés pediu para vê-lo. Esse ser extraordinariamente poderoso e amoroso disse a Moisés que o ser humano não poderia ver sua face e continuar vivo. Não, Moisés não o veria! Poderia querer morrer depois de vê-lo para estar com ele. Que sentido teria continuar neste mundo, depois de tamanho encontro? (cf. Ex 30,21-23).

Nem nome ele aceitou ter! Quando Moisés pediu seu nome para poder contar ao povo quem se manifestara a ele – porque, na verdade, Deus não apareceu: sinalizou e manifestou-se –, Deus ordenou a Moisés que anunciasse ao povo que "aquele que é quem é" o mandou (cf. Ex 3,13-14).

Assim Deus se autodescreve: um ser que contém a si mesmo. Deus cabe em si mesmo. Ele sabe quem é. Não se comparou com nada, não aceitou ser comparado com nada, não deixou que Moisés visse qualquer manifestação dele, porque Moisés acabaria confundindo as coisas e descrevendo de forma errada. Nossos olhos nos enganam quando o assunto é infinito. Se já nos engana quando o assunto é material, finito, imaginemos, então, como não seria se nossos olhos pudessem ver o infinito. Em primeiro lugar, não conseguiríamos vê-lo; em segundo, confundiríamos a parte que vimos com o todo.

Aquele que é quem é não tem comparação, não pode ser comparado e não aceita comparação. Toda vez que eu penso em Deus, penso em alguém que é ele mesmo. Não penso em nada mais de periférico. Aceito que a luz, a música, os sons, as pessoas e os sinais visíveis possam me levar a ele, mas nunca me esqueço de que são sinais. Apontam para ele, mas não são ele. É por isso que, com a graça de Deus, jamais caí na idolatria, porque nada do que conheço, ou vi, ou sei, é Deus.

Vivo em busca daquele que "é quem é". Um dia, como diz são Paulo, eu o conhecerei com clara visão e sem os limites de agora. Naquele dia, poderei dizer: – *Eu vi Deus. Agora, neste mundo, não posso!* (cf. 1Cor 13,12).

14
DEUS EXISTE E AMA

Deus existe e ama! É inconcebível, vai contra a lógica; é totalmente inadmissível a idéia de que Deus possa odiar. Ele não seria Deus se odiasse. Se ele amasse, ainda que só um pouco menos, também não seria Deus. Por isso, Deus existe e ama, porque "amar", para Deus, é a mesma coisa que existir. Existir, para Deus, é a mesma coisa que amar. Se Deus deixasse de amar, deixaria de existir.

Um ser humano pode existir e não amar, mas Deus não pode. Quando digo que Deus ama, afirmo que Deus existe. Quando afirmo que Deus existe, afirmo que Ele ama, e não apenas que ele tem amor. Como são João, eu digo que, muito mais do que ter amor, Deus é o próprio amor (cf. 1Jo 4,8).

Porque Deus ama, eu acredito piamente que ele se importa com toda a sua criação e com cada ser que ele criou. Minha crença em Deus tem que passar pela certeza de que Deus se importa com sua obra. No primeiro momento em que eu negar que Deus ama, estarei negando Deus (cf. 1Jo 4,8).

Digo mais: a descoberta do amor de Deus é a verdadeira descoberta da existência de Deus. Alguém que afirmasse a existência de Deus, mas duvidasse do seu amor, não estaria acreditando em sua existência. Para crer que Deus existe, eu preciso crer que ele ama. Pode até acontecer de eu não amá-lo direito, mas não posso negar que ele me ama. Por isso, essas duas expressões devem sempre andar juntas quando falamos de Deus: existe e ama! Não é possível uma sem a outra. Eu posso existir e não amar. Deus não pode. Ele existe porque ama e ama porque existe! (cf. 1Jo 4,19-20).

15
INDESCRITÍVEL

Como é majestoso o teu nome em toda a terra!
Tua glória vai além dos céus (cf. Sl 8,1).

Indescritível, inimaginável, o Deus em quem eu acredito está acima de qualquer palavra, de qualquer raciocínio humano. Indescritível porque não há maneira de, na verdade, descrevê-lo como ele realmente é. É como aquela enorme paisagem que uma pessoa só não conseguiria descrever porque não vê tudo. Nem ela nem mil pessoas conseguiriam descrever corretamente porque também elas não veriam tudo. Mesmo se juntassem sua experiência, ainda não teriam idéia completa da paisagem, porque veriam de maneira demasiadamente pessoal, deturpada e limitada. A paisagem ainda esconderia segredos.

Assim é Deus: indescritível! Podemos descrever algumas de suas intervenções na humanidade, alguns de seus sinais, mas isso ainda não é descrever Deus. Ele é mais do que aqueles sinais. Além de indescritível, Deus é inimaginável. Corremos o risco de fazer imagens erradas e resvalar para os ídolos quando tentamos fazer imagens de Deus. Isso serve para imagens físicas de madeira, gesso, pedra e aço; serve para as pinturas e para as imagens mentais expressas por nossas palavras. Muita gente prega um Deus que não existe e descreve um Deus que está só na imaginação e, por isso mesmo, é insuficiente.

Muita gente cria ídolos de barro, de pedra, de gesso, de ferro; muita gente cria idéias que, para elas, funcionam como ídolos. Não aceitam discuti-las, nem admitem questionamentos. Idéias intocáveis são ídolos. Adoram o que fizeram e o chamam de Deus. Por isso, existem tantas religiões e tantos pregadores, garantindo que só eles conhecem a verdade sobre Deus. Causam pena pela vaidade que ostentam de saber mais que os outros e pelo estrago que causam em seus seguidores. Não deixa de ser uma forma de idolatria querer apossar-se do conceito de Deus. É como se sentir dono da idéia de Deus e não admitir que mais ninguém fale dele, a não ser que lhes pague a franquia! Porque ele já sabe tudo, e, como ele achou e registrou, ninguém mais tem o direito de achar nada. Deus pertence a ele e à sua Igreja. Os demais, que se calem! Muita gente já matou e morreu por causa dessa exclusividade! Isso explica por que o terrorista diz que Alá mandou matar os infiéis, mesmo que isso traga a morte de crianças e inocentes. Explica também por que, em nome de Jesus, cristãos mataram e mandaram matar. Criaram um Alá e um Jesus que diziam o que eles queriam.

Indescritível e inimaginável é o nosso Deus. Feliz daquele que é humilde o suficiente para admitir que não sabe quase nada sobre ele! Já é um começo de sabedoria!

16
MISTERIOSO É O NOSSO DEUS

Deu-nos a conhecer (cf. Ef 1,9) *o mistério de sua vontade de acordo com seu querer, proposto em Jesus Cristo* (cf. Rm 16,25).

Insondável e misterioso é o nosso Deus. Sondar é mais do que ver, mais do que perceber, ir mais fundo, buscar todos os detalhes. Por isso, a gente joga uma sonda no mar, para que ela vá onde nossos olhos não podem ir. Por isso, o ser humano inventou sondas espaciais. Vão à sua frente e mergulham onde é fisicamente impossível.

A Bíblia diz que Deus é insondável porque, mesmo que projetássemos pensamentos e tentássemos ir ao mais profundo dos profundos, no infinito que é Deus, ainda assim não chegaríamos nem sequer à superfície do infinito que ele é, porque Deus é insondável. Não há como conhecê-lo totalmente aqui na Terra.

São Paulo diz que o que sabemos agora é muito pobre, como se fosse um espelho embaçado; não dá idéia correta do céu, mas um dia o conheceremos com clareza e sem mistérios. Mas isso só ocorrerá na eternidade (cf. 1Cor 13,12). Podemos sondar quanto quisermos, que não teremos chegado nem ao começo do que realmente é a pessoa de Deus.

É muito mais fácil aceitarmos o fato de que Deus existe do que querermos visitá-lo em toda sua plenitude (cf. Sl 36[35],6). E põe plenitude nisso! Quando a Bíblia diz que os desígnios de Deus são insondáveis e acentua que tudo o que se refere a Deus é insondável, está dizendo uma verdade profunda e filosófica. A Bíblia diz que podemos ir ao fundo do mar, que ele não está lá, mas está (cf. Pr 8,28-31). Do jeito dele, não do nosso! Podemos ir aos planetas mais longínquos, que ele não está lá, mas ele está. Poderíamos atravessar todas as constelações e galáxias, esquadrinhar todos os cantos do Universo, se isso fosse possível. Ele não estaria lá para os nossos olhos, mas estaria lá com sua presença universal. Nós não o vemos, mas ele nos vê; não o contemos, mas ele nos contém. É por isso que Deus é insondável. Não dá para sabermos tudo a respeito dele, temos que viver com o pouco que sabemos! Ou isso ou o fanatismo e a loucura!

17
SANTO, MAS ACESSÍVEL

QDOSH e SHEKINAH eram duas palavras fundamentais entre os hebreus. **Qdosh**, que foi traduzido como "santo", significava muito mais do que isso. **Shekinah** significava montar a sua tenda. As duas palavras resumiam o que hoje se costuma formular como **transcendente** e **imanente**.

Muito mais do que puro de sentimentos, justo, amoroso e gentil, a palavra **Santo**, que estava embutida na expressão **Qdosh**, queria dizer "o fora de série, o transcendente, o inatingível, o impossível de alcançar". Porque o Deus **Santo** e impossível de alcançar nos amava, ele desceu e fez **Shekinah** entre nós. Montou sua tenda aqui, tornou-se imanente e se revelou.

Agora podemos conhecer um pouco do mistério inatingível de Deus, isto é, sua santidade. Podemos até viver um pouco dela, porque ele veio aqui e se manifestou. O Todo-Poderoso nos deu uma idéia do que será um dia viver eternamente com ele.

Muitas religiões, mesmo quando não dizem isso dessa maneira, pregam isso. Eu posso me comunicar com Deus, mas isso porque ele se comunicou primeiro. O Santo e inacessível veio em meu socorro. A montanha projetou sua imagem ao que estava no deserto e hoje ele tem uma idéia do que será quando chegar à montanha... A espiritualidade de quase todas as Igrejas ensina exatamente isso. A da nossa, também!

18
O DEUS QUE PROCURAMOS

O Deus que procuramos é um Deus que pode ser encontrado, mas não do nosso jeito: tem que ser do jeito dele (cf. Pr 2,1-5). Toda vez que dissermos que achamos Deus e o encontramos do nosso jeito, corremos o risco de termos encontrado o sinal e confundido as coisas (cf. Sl 42[41],2). Agarramos a placa que apontava para o destino, pensando que ela era o destino. Fizemos como o bêbado que se agarrou à placa que indicava "Belo Horizonte", achando que tinha chegado... Há religiosos que se comportam como aquele bêbado.

Aquela língua de fogo pousada sobre a cabeça dos apóstolos não era o Espírito Santo, mas um sinal que ele dava (cf. At 2,3). Aquela pomba que pairou sobre Jesus no dia do seu batismo não era o Espírito Santo, mas um sinal do Espírito Santo de Deus (cf. Lc 3,22). Aquele vento forte que soprou no cenáculo não era o Espírito Santo, mas um sinal do Espírito Santo (cf. At 2,2). As pessoas têm a tendência de confundir a imagem da pessoa com a pessoa. Os primitivos confundiam a foto com a alma da pessoa. Muita gente hoje confunde as manifestações de Deus com o próprio Deus, mas são apenas manifestações. São sinais que Deus envia.

É claro que aqueles sinais nascem dele, mas não são ele, da mesma forma que eu não sou a palavra que pronuncio, nem a pintura que pinto, nem a canção que canto: sou mais do que tudo isso! As pessoas que não param para refletir são capazes de confundir alhos com bugalhos. Quando receberam um sinal de Deus, disseram que receberam Deus. Viram um sinal que não entenderam e imaginaram que poderia ser de Deus – disseram que viram Deus. A sarça ardente que Moisés viu não era Deus. Era só sinal (cf. Ex 3,1-10). Um anjo interagiu, mas Moisés não viu Deus (cf. At 7,30).

É por isso que no mundo existem muito mais visões do que aparições. Vê-se muito mais do que aquilo que realmente aconteceu. A mente humana é muito criativa. É capaz até de criar o que ela gostaria que existisse. Por isso, pode criar uma Nossa Senhora que realmente não apareceu, um santo que realmente não lhe disse nada ou o próprio Deus, que realmente não se manifestou. Não confundamos os sinais que estamos procurando com a pessoa que estamos procurando. Mas já é grande coisa sabermos distinguir os sinais. Eles, ao menos, nos mostram que estamos no caminho certo. Se não nos comportarmos como bêbados, eles serão úteis. O bêbado vai achar que chegou só porque achou a placa ou a seta... Procuremos, mas procuremos direito...

19
O DEUS QUE ACHAMOS TER ACHADO

Conta uma lenda que um garimpeiro, solitário e extremamente vaidoso de sua capacidade de achar o que os outros não achavam e sob os aplausos dos amigos, embrenhou-se pelo sertão, jurando que jamais voltaria à sua cidade sem a maior pedra preciosa do mundo. Ele revelaria ao mundo a pedra de maior valor que qualquer ser humano pudesse ter visto.

Trinta anos depois, voltou feliz e vitorioso com um diamante de dois quilos. Foi aquela festa! Os velhos amigos e os novos o aplaudiam pelo feito, e ele foi chamado por todas as comunidades da região a dar palestras e testemunhos sobre o grande achado, até que um experiente conhecedor de pedras preciosas pediu para examiná-lo. Era falso!

Os fãs do garimpeiro falsário, em vez de abandonar o mentiroso, atacaram o estudioso. Não se importavam com a verdade, mas sim com as façanhas e as histórias do garimpeiro, que era tão simpático e querido, falava tão bem e tinha sofrido tanto... E daí, se a pedra não era um diamante? Afinal, ele era autêntico e sincero! Não merecia ser desmascarado... Apoiado por seus fãs, o aventureiro continuou dando testemunho de seu grande encontro com a grande mentira. Havia mais gente querendo ouvi-lo, vê-lo e tocá-lo do que gente querendo ver e ouvir o especialista em pedras preciosas. O *marketing* do aventureiro foi mais eficiente! Ficaram com ele.

O mundo está cheio de profecias, livros, testemunhos e depoimentos de quem garante que encontrou Deus. Alguns realmente tiveram um encontro com ele. Outros, pelo modo como vivem, não o acharam. Estão mentindo. A televisão está cheia de atores, atrizes, apresentadores e apresentadoras que se dizem católicos ou evangélicos, mas vivem mostrando e ensinando o oposto do que um verdadeiro crente faria. Das duas uma: ou não se converteram, mas está na moda dizer que se converteram, ou acharam a fé errada e embarcaram numa Igreja ou em grupos que se proclamam de Cristo ou batizados no Espírito, mas ensinam o contrário do que Cristo ensinou. Nunca é demais ficar atento. Jesus nos alertou contra eles (cf. Mt 7,15). Há pessoas dizendo ter achado o que não acharam. Pelos frutos os conhecereis, opinava Jesus (cf. Mt 7,16). Isso serve também para mim, que escrevo estas coisas!

20
O DEUS QUE NOS PROCURA

O Deus que nós procuramos é o Deus que nos procura. Com a diferença de que o Deus que nos procura sabe onde nos procurar, e nós nem sempre sabemos como e onde procurá-lo. Para piorar as coisas, muitas vezes o procuramos superficialmente e saímos por aí gritando em voz alta que o achamos ou que ele nos fez dizer isso mais aquilo, quando nem era ele. O Deus que nós procuramos nos procurou muito antes que nós o procurássemos. É como diz o evangelista em sua magnífica epístola, na qual mostra o que é o amor cristão: – *Amemos a Deus, porque Deus nos amou primeiro* (cf. 1Jo 4-19).

Em matéria de viver e amar, Deus nos precedeu, e em matéria de procurar, Deus nos antecedeu. Ele nos procurou antes de que nós o procurássemos e continua a nos querer perto dele. Mesmo que nunca o procuremos, ele estará nos chamando, não como quem procura, mas como quem quer dialogar. Deus sabe onde estamos e conhece perfeitamente o que somos e o que sentimos. Mas não deixa de ser uma procura, uma busca cuidadosa e atenciosa de chegar até alguém que, para ele, é importante.

Como Deus se importa conosco, para ele, somos importantes. Como Deus nos criou, mas não nos tem totalmente, porque fugimos dele e muitas vezes o negamos, embora o verbo seja muito pobre, podemos dizer que Deus nos procura. Faz como a mãe que sabe que o pequeno está em algum lugar da casa fazendo arte. Então, ela vai atrás dele e o chama, porque meninos, crianças, nem sempre têm noção do que fazem. A mãe mostra presença, para que a criança não tenha medo, nem passe dos limites. Ela tem que saber que tem mãe por perto!

Deus faz coisa semelhante, só que muito melhor. Ele nos pede uma coisa que não pode forçar em nós: o amor. O dono do Universo quer ser amado, embora não precise disto. Nossa Bíblia diz que Deus espera isso de suas criaturas: que correspondam, posto que a única maneira de ser o que devemos ser é corresponder a seu amor. Deus é como os pais da Terra que gostariam de ser amados pelos filhos não tanto por seu coração de pai carente, mas para que os filhos aprendam a viver e amar a todos, começando pelos pais.

Ninguém ama direito os outros se não ama seus pais. Ninguém ama direito se não ama aquele que é o amor. É por isso que Deus nos procura. Digamo-lo de maneira um pouco mais forte: – *O criador de bois, de ovelhas e de galinhas sabe por que os procura. Sozinhos, talvez não sobrevivam. Sem Deus, não dá!*

21
SEM DEUS, NÃO DÁ

A ovelhinha desgarrou-se do rebanho e do pastor e caiu na boca do lobo. O menino afastou-se do seu grupo e de seus chefes e perdeu-se na mata. A menina ignorou os conselhos de sua mãe, mulher sofrida e mais experiente, e acabou enganada e ferida na alma pelo rapaz, que a mãe percebeu que não prestava. Sem alguém que cuide de nós, não dá. Da infância até a velhice, é impossível sobreviver sem alguém que nos ajude, sobretudo quando as forças faltam. São raríssimos os seres humanos que sobreviveram sozinhos e sem gente que os amasse.

O contrário acontece todos os dias. Crianças caem no crime ou são usadas por falta de quem cuide delas. Jovens desencaminham-se por errar na escolha dos companheiros. Fiéis aderem a pregadores errados e religiões erradas e se fanatizam. Violência, roubo, corrupção, sexo errado, palavras erradas, atitudes erradas, lugar errado, crenças erradas, convicções erradas, namoros errados, casamentos errados, companhias erradas, decisões erradas, escolhas erradas. Ninguém de nós está livre do erro. O que devemos é reparar tudo do melhor jeito possível.

É só ouvir as canções, assistir televisão e abrir as revistas para ver quantos desvios e quantas idéias erradas o mundo transmite. Nudez sem nenhuma razão, sexo com qualquer um, violência, gente rindo de Deus e usando seu nome em vão o tempo todo, gente aplaudindo atos de violência, cenas que ensinam sexo errado e levam o outro a imitar, gente testando a fidelidade dos casais e invadindo a privacidade das famílias, acusações levianas, conversas levianas diante de crianças, deboche do amor e da família, gente que se casa com 20 dias de namoro e se separa dois meses depois e acha tudo normal, porque ninguém tem nada com isso! O simpático homem que já se casou dez vezes, a moça sorridente que já se casou nove... A que diz que fez dois abortos e faria outro . A que vai ter um filho sem se casar, porque não acredita no casamento. A lista que são Paulo fez no início da carta aos Romanos é pequena, se for comparada aos desvios e pecados de hoje (cf. Rm 1,18-32). É Paulo dizendo que sem Deus não dá! O mundo resolveu que não precisa de Deus. Quando as pessoas admitem que ele existe, imaginam e declaram que ele não seria contra o que fazem. Declaram sua fé em Deus, mas continuam fazendo tudo o que a Bíblia diz que Deus condena. Criaram um Deus que jamais iria contra eles... Quanto a homens como Paulo, decidem que, apesar de toda a cultura e de sua conversão, ele era conservador e ultrapassado. Moderno é quem não acusa, não fala, não condena, não questiona e não proíbe.

E então? Agradamos ao mundo ou ao Senhor do mundo?

22
NUNCA NINGUÉM VIU DEUS

Ninguém jamais viu Deus, mas, se nos amarmos,
ele viverá em nós, e seu amor se fará pleno em cada um de nós
(Jo 1,18; 6,46; 14,2).

Nunca ninguém o viu. Ele não pode ser visto. Nossos olhos só podem ver matéria. Deus está acima da matéria. Foi isso que são João disse ao falar, com sua profundidade de apóstolo, de sua experiência de Deus em Jesus. Foi por meio de Jesus que João chegou a experimentar a existência e o amor de Deus. O próprio Jesus disse, muitas vezes, que não é possível ver o Pai, mas ele, Jesus, o conhecia (cf. Jo 8,55). Afirmou, contudo, que, um dia, todos veriam o Pai. Quando esse dia chegasse, nós estaríamos com ele no Pai. Aqui, não era possível!

Jesus repete muitas vezes, no evangelho de são João, aquilo que Moisés descreve a respeito de sua experiência com Deus. Moisés diz que Deus o avisa de que o homem não pode vê-lo e querer continuar vivo, porque é uma experiência tão envolvente, que nunca mais ninguém gostaria de viver o limite que é esta vida (cf. Ex 33,20). Iria querer dar o salto e transportar-se para aquela vida, para nunca mais voltar ao limite. Assim, também, quando Jesus fala de seu Pai, fala de alguém cujos limites são inimagináveis. Nós podemos até imaginar que um dia Deus acabará, mas será imaginação errada: Deus não tem limites (cf. Ap 4,11; Jo 3,35; 15,24).

É difícil falar dessas coisas! Deus não tem limites. Nunca chegaremos nem ao começo, nem ao fim de Deus. Essa é a idéia que a Bíblia passa. João insiste que nunca ninguém viu Deus. Jesus disse que viu, porque veio dele, mas, depois de Jesus, nenhum ser humano o viu (cf. Jo 8,19). Nossos olhos são limitados demais para vê-lo; nossa mente é pequena demais para entender o que significa ver Deus. Nem nossa experiência é suficiente. Trabalhamos em nossos limites, na busca de alguém que não tem limite. É por isso que a gente ora e pede que Deus nos pegue no colo, porque nós não podemos pegá-lo no nosso. Ele é grandioso demais para isso.

23
DAQUI DO MESMO VALE

Aquele que se proclama não crer em Deus é como um sujeito que mora num enorme vale e se satisfaz com o que vê. Tanto faz como tanto fez para ele, se há mais montanhas e mais vales para além daquela montanha. Ele mal dá conta de entender o vale onde mora!

Quem crê num Criador e Pai é como o sujeito que mora no mesmo vale, mas, mesmo não dando conta de tudo o que se passa a seu redor, acha que a solução está além da montanha. Deve haver respostas lá que nos servirão aqui. Talvez, por lá, a vida seja diferente! Alguém lá deve saber o que ainda não sabemos...

O ateu escolhe o *aqui-agora* bem vivido. A pessoa que crê ou tem fé escolhe o aqui em decorrência do depois a ser vivido. **Não é que o crente enxergue mais longe. Ele imagina mais longe. Mas o ateu talvez saiba mais sobre o aqui-agora. Um pode aprender com o outro!**

24
O CÉU É MAIS ADIANTE

Para a criança que deixou de engatinhar e agora ensaia os primeiros passos, ela é o presente, e o pai, o futuro. É na direção daquele colo que ela vai. O incentivo para tentar andar é o colo que o pai lhe oferece. Por isso, raramente os pais dizem: – *Vai, meu filho!* Dizem: – *Vem para o papai! Vem com a mamãe!* É uma voz lá na frente a chamar um filho.

No trajeto, ela cai, tropeça, torna a cair e se levanta, até que chega. Ganha beijos, colos e festa. O cair faz parte do aprender a andar, e os pais deixam que isso aconteça, porque é um aprendizado. Não são cruéis por isso. Estão atentos. Pais responsáveis não seguram a criança o tempo todo no colo. Nem ela aceita. Há um momento em que ela chora e esperneia, porque quer andar. Colo demais tira a liberdade. Segurar o tempo todo a mão de uma criança torna-a dependente e tímida. Não segurar nunca é esquecer o limite dela. Nunca dar colo é ferir a alma. Dar colo demais é desrespeitar o crescimento do filho. A dose certa tem que ser descoberta no dia-a-dia. Mas bons pais nunca fazem pelo filho o que ele mesmo pode fazer.

Imaginemos isso de modo semelhante à graça de Deus. Deus não é passado, embora esteja agindo desde lá. É presente, que nos ensina a caminhar com os próprios pés. Socorre só se for preciso. Deus, para nós, é futuro. Viemos dele e é para seu colo que vamos. Por isso os hebreus falam em *rahamim*. Deus tem muitos *raham*. Tem um colo imenso, que, na verdade, são muitos colos. Não anda em nosso lugar, nem vai nos segurar pela mão toda a vez que pedirmos. Jesus sabia disso quando pediu que o Pai afastasse o cálice. Disse: – *Se possível* (cf. Mt 26,39).

Deus incentiva e nos chama do infinito para que, aprendendo a caminhar aqui, andemos com nossas pernas naquela direção. A maioria das coisas tem que ser feita por nós e não por ele. É, pois, um erro ensinar que Deus fará tudo por nós. Não fez, não faz e não fará. Não faz a nossa comida, não dirige nosso carro, não vai ao dentista nem à feira por nós. Isso é coisa que nós mesmos podemos fazer. Se surgir um imprevisto grave, ele fará o que deve ser feito. Ele sabe por quê! **Uma coisa é Deus ser por nós, e outra, pajear-nos. Crianças precisam ser vigiadas. Gente grande, não!**

Como o pai que ensina o filho a andar de bicicleta e o solta para que ele descubra seu equilíbrio e siga em frente, assim Deus age. Os pais nem sabem que aprenderam isso com ele. Isso de ensinar um filhote a voar, defender-se ou ir à luta está gravado no DNA de homens e animais. Na maioria das vezes, Deus diz: –*Vá!* Se precisarmos, ele dirá: – *Vem!* Vai nos dar ombro e colo se doeu demais aquela dor. Brigaremos com ele, mas é no colo dele que choraremos. Não há melhor colo para se chorar.

Mas não pensemos que Deus mima. Não mima! Filhos moleirões, carentes demais, chorões e dengosos, dependentes e que gostam mais de receber do que dar são reeducados. Quem só sabe pedir e nunca ajuda nem intercede, um dia, vai *re-aprender*. Cristão que só quer viver de *Senhor, Senhor, nhenhém, nhenhém e bem-bom* (cf. Mt 7,21), em suma, um Cristo sem cruz, acaba ouvindo de Jesus que **quem não assume a sua cruz não o merece.**

Há um tempo em que somos crianças, diz Paulo de Tarso, e digerimos pouco conteúdo (cf. 1Cor 3,2). Depois, ou crescemos ou ficamos anormais na fé. Nosso Deus nos dá colo, mas cobra maturidade. Na maioria das vezes, teremos que usar as nossas pernas. A lua é um bom exemplo de criatura iluminada. Recebe a luz do sol, mas logo a repassa para a Terra. Podemos vê-la, porque ela se deixa iluminar e, depois, reflete o que recebeu. Essa é a idéia de graça e fé. Se não pedirmos para os outros a felicidade que pedimos para nós, então andamos orando de forma errada! **O céu é infinitamente mais alto que o nosso umbigo!**

25
O IMENSO COLO DE DEUS

Os religiosos costumam tratar o Deus em quem acreditam ou com reverência, ou com temor, ou com intimidade. Depende muito do conceito que fazem de poder, amor e justiça. Para nós, valem as palavras do salmo, com seus pontos-e-vírgulas (cf. Sl 71[70],2). Nosso Deus é como um pai que se inclina para ouvir e conversar com seus filhos pequenos, quando preciso, faz por eles e os toma no colo.

Falar de Deus sem falar de seu colo é omitir o aspecto fundamental do amor de Deus. Ele nos ama profundamente e gosta dos filhos que criou, mesmo quando não correspondemos a seu amor.

Acostumamo-nos como muitos outros cristãos a chamar o Deus em quem acreditamos de *Pai*, porque a figura preeminente, em todos os tempos e na maioria dos povos e culturas, foi sempre a paterna. Embora toda a responsabilidade, o carinho, a ternura e o processo de educação dos filhos ficassem com a mãe, na maioria dos povos, a autoridade cabia ao pai. Nada estranho, portanto, que a maioria das religiões considere Deus um ser masculino e o chame de Pai. **A palavra Deus** é, para nós, um nome masculino, mas **o ser Deus**, para nós, não é masculino.

A evolução dos costumes e do pensamento universal está levando muitos grupos e religiões a dizer que Deus também é mãe. A partir do conceito de um Deus que não seja nem homem nem mulher e está acima de toda e qualquer figura, feição e contingência humana, toma vulto hoje a idéia de **Deus Pai-Mãe**.

O radicalismo pode levar a atitudes não muito compreendidas, mas é interessante lembrar que não deixa de ser um progresso. Entendemos que Deus não é um ser masculino nem feminino. Ele está acima da masculinidade e da feminilidade. Por isso, há povos que, para designar Deus, usam uma palavra feminina, enquanto outros se fixam em uma palavra masculina ou neutra. Da mesma forma, existem povos para quem a palavra terra é masculina, enquanto, para outros, é feminina. Os romanos usavam *tellus* e *terra,* os gregos diziam *gaia.*

Se nós nos acostumarmos com a idéia de que Deus não é um ser masculino e, sim, simplesmente Deus, compreenderemos a mística da paternidade e da maternidade, ambas vindas daquele que é pai e mãe, que cuida e ama – como todo pai e toda mãe deveriam fazê-lo. Acostumemo-nos a imaginar Deus não como um ser humano, mas como o ser primeiro, para quem nenhuma forma ou descrição é suficiente. **Pai imenso, pai-mãe imenso, Deus é amor.** Chamando-o de pai ou mãe, **o importante é nunca imaginá-lo com rosto de gente. Ele é pessoa, mas não pessoa humana.** Seu colo, porém, que não é humano, é infinito. Cabemos perfeitamente nele: todos os indivíduos e povos que já passaram ou passarão por este mundo.

26
NÃO É TUDO E NÃO FEZ TUDO

Tomé disse: – Meu Senhor e meu Deus!
Não disse: – Meu Deus e meu tudo!
(cf. Jo 20,28)

A um religioso de outra Igreja, que, numa oração em família, dissera que **Deus é tudo**, repeti o que digo agora. A um padre que, num programa de rádio, dizia *Meu Deus e meu tudo*, alertei-o do perigo de induzir as pessoas menos evangelizadas a uma espécie de panteísmo. Os dois aceitaram rever seu discurso. **Deus não é tudo nem fez tudo.** Ele é o criador do bem, não do pecado. O pecado tem outra origem.

Aquele que contém tudo não é tudo. Às vezes, como eu disse, as pessoas usam a expressão: "Meu Deus e meu tudo". Parafraseiam, de forma errada, a frase de são Tomé: *Meu Senhor e meu Deus!* Não sei de nenhum lugar na Bíblia em que esteja dito que Deus é tudo. Ela faz uma distinção entre o Deus que criou quase tudo e o tudo que Deus criou. E deixa muito claro que Deus não é autor do pecado. Então Deus também não é o criador de tudo. O pai da mentira, por exemplo, não é Deus, mas o demônio. Jesus mesmo diz isso (cf. Jo 8,44).

Dizer que Deus é nosso tudo é uma expressão muito bonita, mas deve ser entendida em um contexto comparativo, de parábola, de simbolismo. Se "tudo" compreende tudo aquilo que existe, então precisamos corrigir nossa linguagem. Se eu disser que Deus é tudo e tomar isso ao pé da letra, estarei dizendo que Deus também é pecado, porque o pecado faz parte de tudo que existe. A dor existe e está dentro do tudo. Esse pedaço de pedra que eu tenho na mão existe e está dentro do tudo. Se eu disser que Deus é tudo, então eu estou dizendo que Deus pode ser essa pedra, pode ser pecado, crime, vingança e inveja, porque essas coisas existem. Se disséssemos que Deus é tudo o que existe, então estaríamos dizendo que Deus é também o mal... O panteísmo leva a isso. Precisamos tomar cuidado com nossas pregações entusiasmadas.

Na verdade, posso dizer que Deus sabe de tudo, mas não posso dizer que Deus é tudo, nem que ele concorda com tudo. Deus sabe da existência do pecado, mas não peca, nem aceita o pecado. Ele é santo. Ele é ele. **Deus não é a Criação: apenas a criou.** Toda vez que eu disser que Deus é tudo, estarei comparando-o com as coisas que existem. Estou fazendo o que ele pediu que não fizéssemos ao proibir a confecção de imagens dele. Seriam erradas desde o primeiro traço. Acertaríamos melhor se disséssemos que **Deus é mais do que tudo**. Aí, sim, estamos com filosofia e teologia corretas. Deus não é tudo. Ele é mais do que tudo. Ao dizer que ele é mais do que tudo, estamos dizendo que ele não é o pecado, não é a pedra, não é a criação. Há coisas na criação que certamente ele não quis que fossem assim. Mas, como criar também supõe dar liberdade, com o mau uso da liberdade aconteceu o pecado. Ora, Deus sabe conviver com os limites humanos, inclusive os do pecado, por isso ele perdoa. Ele não poderia perdoar se não fosse mais forte do que o pecado. Se perdoa, é porque é muito maior e muito mais forte do que o pecado. Por isso, Deus "per-donat". Dá muito mais do que a gente merece. Voltaremos a falar sobre isso.

27
CRIADO POR DEUS

Deus não fabrica lixo. Logo, ao criar-me, criou um ser importante, que não existia antes e não será nunca mais repetido. No mundo, nunca haverá outra pessoa exatamente como eu, dure o mundo o tempo que durar. **Deus não faz clones. Só o ser humano é capaz de tal aberração. Quem não sabe criar copia e, em geral, copia mal!**

Quando digo que Deus me criou, parece-me perfeitamente válido, até mesmo necessário, que eu coloque meu ser de indivíduo criado por Deus como o de um ser privilegiado. Ele podia, no concerto da Criação, ter criado tudo o que lhe aprouvesse, menos eu. Se, no meio de bilhões e bilhões de criaturas, ele escolheu criar também a mim, é porque eu também tenho um significado no seu projeto e na sua obra. Aqui, ao usar a palavra "eu", nós não estamos sendo nem egoístas, nem excludentes, nem exclusivistas. Toda vez que, agradecido, eu louvar a Deus pela chance que me deu de ser alguém, eu estou, com a minha atitude, entrando no concerto da Criação e dizendo a ele: – *Muito obrigado. És aquele que é e me deste a graça de ser quem sou. Mas, assim como tu és quem és para tudo e para todos, eu também quero ser alguém para os outros. O meu ser só existe em razão do teu ser e da tua criação. O meu ser perde a importância se não existir em razão do outro.*

Todos esses sentimentos são lindos e maravilhosos de se ter e devemos mantê-los, porque, sem isso, jamais manteremos o nosso lugar aqui, agora, já, no concerto da Criação. Oremos para que compreendamos isso!

28
CRIOU TAMBÉM OS OUTROS

– Onde está o teu irmão Abel?
– Sei lá – disse –, tenho cara de babá dele? (cf. Gn 4,9).

Nós, católicos, costumamos escrever a palavra Criação com c maiúsculo toda vez que expressamos nossa fé em Deus. Quando nos referimos à sua obra, colocamos o que ele fez em maiúsculo. É para distinguir das criações humanas, que são quase nada diante da Criação que Deus operou.

Toda vez que eu digo que Deus me criou, de certa forma, estou me apossando do meu lugar na Criação. É bom, é salutar, é bonito que todo indivíduo possa usar essa expressão: *Fui criado. Estou sendo criado por Deus.* Mas, se a pessoa ficar só nisso, perderá de vista o objetivo da Criação. Deus não me pôs sozinho neste planeta. Não me criou isolado numa ilha, distante de tudo e de todos: criou-me com os outros e para os outros. Por isso, toda vez que qualquer um de nós falar da criação, precisamos tomar muito cuidado com essas palavras EU/ME. Podemos dizer isso, mas não podemos ficar nisso. Logo a seguir, tem que vir CRIOU-NOS. Criou-me no meio dos outros, com os outros e para os outros. A razão fundamental da nossa existência não somos nós mesmos: é o outro. Viemos de um outro, unimos nosso ser ao de um outro ou uma outra; se quisermos, geraremos outros e voltaremos para o grande Outro, que é Deus.

É porque dois outros, nosso pai e nossa mãe, se amaram e nós nascemos; vivemos com nossos irmãos, que são outros; com amigos na escola, no trabalho, que são outros; na rua, passamos a todo momento cruzando pelo outro; no comércio, servimos o outro; na indústria, fabricamos para o outro; na estrada, dirigimos perto do outro ou cruzando com o outro... **Nossa vida é cheia de outros e não teria nenhum sentido sair** pela vida afora dizendo: "Eu sou mais e melhor". Minha obra é melhor do que a sua! Muita gente adora lamber sua cria e proclamar que a história de uma livraria ou editora se resume em antes ou depois dele, antes de seu amigo e depois de seu amigo! É *marketing* barato e, na maioria das vezes, desonesto, pois nem comparação existiu! Nem sequer leu ou ouviu a obra do outro! Há "eu" demais onde o coletivo é que faz sentido.

"Eu" por "eu", Deus poderia ter ficado sem criar. Se criou, é porque apostou em relacionamentos. **Eu e me** são palavras bonitas quando ligadas às palavras "**nós**" e "**outro**". A razão de eu existir é o outro, não eu mesmo. Deus é um outro, assim como meu pai, minha mãe, um outro ser. A razão de eu querer continuar vivo são os outros: uma pessoa que eu amo, um filho, um amigo, a namorada, o namorado, a mulher, o marido, os avós, nossa Igreja...

O outro é o que dá sentido à minha vida. No entanto, pode também ser a causa da minha desgraça. Vou ter que saber conviver com essa pessoa. Se errei ferindo-a, vou ter que saber pedir perdão. Se acertei, vou ter que saber passar isso a ela, para que amanhã essa mesma pessoa faça a mesma coisa que estou fazendo. Estamos irremediavelmente ligados a um outro. Não há como viver sem o outro. Por isso, o Deus que nos criou, criou-nos uns para os outros. Oremos para entender essas coisas.

29
CRIOU E CONTINUA CRIANDO

No começo, havia o Logos. E o Logos era Deus! (cf. Jo 1,1).
Pronto, está feito, sou o A e o Z, o começo e o fim (cf. Ap 21,6).

Deus continua criando. Está aí uma expressão que pouca gente entende. Ficou o hábito de dizer que Deus criou. Paramos nisso. Parece que é uma coisa lá do passado e que, após seis dias, ele se cansou e está descansando até hoje. Nada mais errado! Que crianças pensem assim, pode-se entender, mas não um cristão adulto. **Deus não "foi" Criador. Ele "é" criador.** Criou, está aperfeiçoando, criando crianças, velhinhos, vai criando vidas e mais vidas, cria a esperança para nos dar. Enche-nos de valores.

Deus cria até o fim de nossa vida e nos cria para a terra e para o céu. Está criando vidas novas a cada detalhe. É o ciclo da vida, mas ele está ali, criando pensamentos, sentimentos e amores. Está esculpindo a moça bonita e o rapaz charmoso e atraente, mas também esculpindo e criando a moça não tão bonita de rosto e de corpo, mas cujos valores ultrapassam de longe o estético das outras. Além disso, o que é estético para nós nem sempre é estético para Deus. O belo tem outro significado em Deus. O belo dele não tem que ser o nosso. Padrões de beleza mudam até com a geografia.

A verdade é que Deus é essencialmente criador. Não teria criado o Universo se não fosse pai e criador. Não foi brincadeira nem gesto isolado. Faz parte da essência de Deus. A expressão *Deus me criou* é certa, mas, logo a seguir, devemos acrescentar: – *E continua me criando, e eu sou grato para com ele*. Como Pai, ele põe o filho no mundo e, quando o filho tiver 90 anos, ainda vai estar com ele. **Criar é um ato, continuar criando são muitos atos.** Deus não seria criador se tivesse atuado uma só vez e feito uma só coisa. Aristóteles dizia que Deus era um ausente que não se envolvia com a criação. Jesus ensina o contrário. Deus é pai e se importa com os filhos. Amou tanto o mundo que mandou a ele seu Filho (cf. Jo 3,16). É criador porque, como diz Jesus: – *Meu Pai está fazendo o seu trabalho eterno até os dias de hoje, e eu também estou trabalhando* (cf. Jo 5,17).

A expressão "Deus descansou" é bíblica e significa mais do que parar ou sentar-se para recuperar as forças. Deus não se cansa. A expressão *shabat* (quer dizer repouso), da qual se origina a palavra *sábado*, era utilizada com o objetivo de mostrar que Deus **tomou um tempo para contemplar sua obra** e viu que era boa. Era didática. Propunha o louvor e a contemplação, para que o homem não se tornasse escravo do trabalho. Nós, humanos, precisamos de *shabat*, descansar das nossas correrias e dedicar tempo para completar a obra que estamos fazendo, porque ela também é boa. Para judeus e cristãos, contudo, o trabalho é mais importante do que o descanso, a tal ponto que 85% do tempo da semana são utilizados para trabalhar e apenas 15% para descansar, ou seja, 24 horas das 168 semanais.

A espiritualidade do trabalho e do repouso é profunda. Vem da noção de um Deus que trabalha. Não nos esqueçamos disso toda vez que falarmos do Deus criador. Aquele que me criou não parou de criar, está criando astros e está me criando. Eu louvo ao Deus que me criou e, antes de mim, agora e depois de mim, criou e criará bilhões de vidas. Continua me criando e vai me criar até eu ir para o céu. Vai continuar a me criar lá no céu também. Não sei como, mas sei que o amor é criador, e ele vai continuar me amando no céu! Haverá uma criação continuada por toda eternidade. Aquele que não pára de amar também não pára de criar. Pensemos nessas coisas. Não são assim tão difíceis de entender...

30
NÃO CRIOU POR ACASO

O projeto de Deus é o resultado de um ser inteligente. Todas as pessoas inteligentes fazem projetos. O castor, ao construir seus diques, não tem um projeto. Ele o faz por instinto. O joão-de-barro não tem um projeto de casa: ele o faz por instinto. Por isso, todos os joões-de-barro de todos os lugares do mundo fazem a mesma casa e quase do mesmo jeito. Mas o ser humano não! O ser humano modifica seus planos, faz projetos diferentes e com visões diferentes.

Deus também. Por ser um ser totalmente, infinitamente inteligente, Deus tem um projeto gigantesco, infinito, que é o projeto de amor, que aplicado de maneira especial para cada ser humano e para cada vida. Tem um projeto para mim, que é diferente daquele que ele tem para você. Tem um projeto para Maria, que é diferente do plano que tem para João. Um para Maria Lúcia, que é diferente do projeto para Sebastião. Constituem um casal, mas cada um deles recebeu um projeto de Deus, primeiro como indivíduo, depois como casal.

Além disso, Deus, ao ter seu projeto infinito, coloca cada pessoa dentro dele, respeitando sua liberdade individual. Eu não sou obrigado a amar a Deus. Jesus disse isto aos fariseus: – *Morrereis no vosso pecado* (cf. Jo 8,21). Por causa da dureza do coração deles, não conseguiu mudá-los e avisou: – *Eu não posso forçá-los a amar. Se vocês querem morrer, morram no pecado. Eu não tenho como forçar o amor em vocês.* Ele perguntou a Judas: – *É com um beijo que trais o Filho do Homem?* (cf. Lc 22,48). Jesus não podia forçar Judas a ser bom. Criou condições, mas Judas não aceitou. Se há uma coisa que Deus não pode fazer é deixar de amar. Mas também há uma coisa que Deus não pode fazer: obrigar-nos a amá-lo, pois isso não seria amor.

O amor ou é gratuito ou não é amor. Ninguém ama à força. O Deus que nos criou tem um projeto. Seu projeto é de amor, mas

depende do nosso sim. Se eu não quiser, não vai se realizar em mim. É preciso entender essas coisas. Se nem sempre o projeto de Deus é realizado, é porque nós não deixamos. Lembram-se do que Jesus disse em lágrimas ao contemplar Jerusalém? Jerusalém não quis ouvi-lo (cf. Mt 23,37). Lembram-se da história do jovem rico? Ele se retirou triste, porque tinha muitos bens, e Jesus disse que é muito difícil um rico entrar no Reino dos Céus (cf. Mt 19,23). Teve que deixá-lo seguir outro projeto. Deus não força. Embora tenha um projeto para cada um de nós, não nos obriga a obedecer-lhe.

31
SOU IRMÃO DO CARAMUJO

Fizeste-o administrador das obras das tuas mãos (cf. Sl 8,6-9).

O menino Tony, de 6 anos, era cheio de perguntas filosóficas. Um dia, agachado, ao olhar um caramujo na horta, perguntou à mãe: – A senhora sabia que Deus criou este caramujo? A mãe disse que sim. E ele arrematou: – *Então não podemos pôr veneno nele, porque ele é nosso irmão.* É que a mãe havia falado, dois dias antes, que acabaria com as formigas e os caramujos da horta...

E agora? Explicar que há irmãos que podemos matar e irmãos que não podemos matar? Como é que ficaria aquela cabecinha? Levou três dias para convencê-lo de que caramujos matam pessoas e não há como mantê-los vivos perto de uma casa. Ela precisava escolher entre seus três filhos e os caramujos... Aí ele concordou...

Criou... Essa expressão catequética de todas as religiões que acreditam num Deus criador entra na mente do fiel como informação. Mas, se o fiel começar a pensar sobre a importância de ter sido criado por um ser infinito que deu origem a todos os astros e seres que existem, então percebe que, pequeno como é, foi pensado por um ser infinito. Ao criar-me como indivíduo e ao criar-nos juntos, uns para os outros, Deus criou a unidade e a totalidade. Quando, portanto, eu digo que Deus nos criou, mesmo buscando meu lugar, exatamente por isso estou me colocando no concerto da criação; faço parte do mesmo projeto de Deus do qual fazem parte o molusco, o verme, a baleia, a foca, o cisne, a águia, o cavalo e outros seres não humanos. Também sou irmão dos anjos e dos arcanjos e de qualquer ser que exista em qualquer canto do Universo, além de ser irmão de um ser humano inteligente e amoroso, da mesma forma que sou irmão de um ser humano pecador e cruel.

Deus criou a todos. Em algum momento da jornada, as pessoas e os animais se modificaram, mas foi Deus quem os criou. Ele poderia destruir o primeiro sujeito que desobedecesse à sua lei, mas continua criando essa pessoa. **O Deus que nos criou aposta em nós. Por isso, além de criador, Deus é educador e formador.** Mais do que qualquer ser, ele aposta em nós. Se não apostasse, ele nos mataria a cada crime cometido. Se deixa viver o criminoso, o bandido, o assaltante, é porque Deus tem um projeto. Se permite que um inocente morra, ele deve saber por quê. Esta pessoa amargou uma dor gigantesca que nós não sabemos explicar, mas Deus deve saber o que fazer com o sofrimento que ele também não quis. Só que ele sabe trabalhar esse sofrimento, e nós não! Aí está um assunto para outra reflexão!

Quem nos criou sabia o porquê do sofrimento que viria e sabe por que nos continua criando. O ser inteligente que me criou e criou você tem um projeto. Talvez nunca o entenderemos, mas ele sabe o porquê. Para quem tem fé, isso basta. Pensando bem, não é tão humilhante ser irmão de um caramujo. **O que nos dignifica não são os irmãos que temos, mas o criador que nos fez.**

32
IMPORTA-SE CONOSCO

Duvido de que ele se importe conosco! – disse aquele prisioneiro, zangado com o fato de que haviam morrido cinco companheiros nas celas vizinhas. E concluiu: – *Estamos aqui, abandonados por tudo e todos. Até Deus se esqueceu de nós. Ele nunca perdoou nosso crime!*

Escutar um homem gritando isso pelos corredores e sua voz ressoando dói em nossos ouvidos; dá até vontade de voltar lá e, como padre, tentar estabelecer uma conversa. Mas ele não vai aceitar. Afinal, que explicação teria eu para uma pessoa que se sente abandonada por Deus? Que frases da Bíblia usaria se, de antemão, sei que não vai acreditar nelas? Que pensamentos clássicos da fé usaria se ele já decidiu que não acredita neles?

O fato é que, sofrendo, machucado na alma, ele acha que Deus não se importa com ele, porque seu sofrimento nunca foi amenizado. Não está sozinho. Muita gente diz isto: – *Acho que Deus me jogou aqui e me esqueceu. Ele não se importa com o que acontece comigo.* Aí vem Jesus e diz que devemos olhar os lírios do campo e procurar, primeiro, o Reino de Deus, que o resto nos será dado como acréscimo (cf. Mt 6,28). Muito mais! Vem Jesus e diz que até os fios de cabelo da nossa cabeça Deus já contou (cf. Lc 21,18). Mas como convencer uma pessoa que Deus se importa conosco e com cada célula de nosso corpo se acontecem coisas ruins com as pessoas e ele não interfere (cf. Mt 5,36; 6,28; 21,18-22; Lc 10,29-37; 12,7)?

O mistério do bem e do mal sempre existirá. Quem, por acaso, fizer uma leitura acurada do livro de Jó vai descobrir que o conteúdo se debruça sobre o mistério do sofrimento humano do começo ao fim. Desgraça após desgraça, só no fim é que Jó entende que Deus se importa com ele. Mas, durante todo o período de sofrimento, assaltavam-lhe dúvidas cruéis. Era demais para a sua cabeça. Jó é um pouco de todos nós. Quando estamos bem, não nos importamos muito com Deus. Quando estamos mal, gostaríamos que ele se importasse conosco.

Como explicar ao ser humano que é possível entender o mistério da graça, mas que não é fácil? Vivemos cercados de mistérios, e um deles é a existência do mal no mundo. O bem nos parece natural que exista. É mistério que agrada. Então não o questionamos muito. Mas o mal dói, sempre além da conta. Por isso, é um mistério que incomoda. Aí abrimos a boca. É que somos humanos e utilitaristas. Se não dói, não falamos. Se dói, gritamos e reivindicamos! Oremos para entender os desafios da vida.

33
AQUELA GOTA DE ORVALHO

Era manhã. Acordei ouvindo o canto dos primeiros pássaros. Um galo, de vez em quando, cantava lá, mais longe. A janela abriu-se, e pude ver uma gota de orvalho, pertinho da minha janela. Tremeluzia, refletindo o raio de sol que aparecia. Fiquei pensando: – *Quem fez isso?* Fiz uma prece ao Deus criador e disse a mim mesmo: – *Desde que criou e que formou as árvores, ele as alimenta. Vão buscar o alimento lá no fundo da terra, mas buscam também a umidade do ar e, bebendo e alimentando-se, depois, me dão os frutos.*

Quem criou os frutos? Quem quis a laranja e a maçã? Quem quis a pêra? Com que finalidade? É porque havia seres que ele alimentaria. Quem quis a melancia daquele tamanho? Quem quis a abóbora? Será que é por acaso que existem abóboras, melancias, mandiocas, laranjas, pêras, maçãs? Ou quem criou a Terra a fez girar para a direita, para a esquerda, para o lado, para cima e para baixo, para ganhar o calor do sol e não ficar gelada e, assim, produzir alimentos? Quem fez a Terra girar com exatidão para ter uma certa temperatura? Quem regulou os 60° lá em cima e os 15 a 36 graus aqui embaixo? Quem fez o oceano balançar para frente e para trás, com regularidade de milésimos de segundos? Quem fez todos os astros dançarem? Quem, aqui na Terra, criou o ciclo das águas? Quem criou essa folha e esta gota de orvalho, para poder fazer esta folha jogar vida na árvore e para que houvesse frutos que nós comêssemos?

Perguntei e respondi. Quem criou tudo isso é muito inteligente. Criou por causa de alguém, porque Deus não come. Eu era esse alguém naquela hora, e outros seres estariam recebendo os benefícios daquela pequena gota de orvalho. Então, eu disse a mim mesmo: – *Deus me deu a gota de orvalho! Louvado seja Deus, que pensa em tudo e sabe por que faz o que faz! Não há nenhuma gota de orvalho que nasça por acaso e se forme por acaso. O objetivo é o alimento que nós, homens, comeremos. Louvado seja Deus, que pensou em todos os detalhes! Deus nos ama!*

34
COM ARTE E COM TERNURA

Há coisas que eu nunca entendi e nunca vou entender na natureza, assim como há coisas dentro de mim que nunca entendi e nunca entenderei. O que eu sei é que o Deus que nos criou cuida de nós, como cuida daquela folha, colocando nela o orvalho que a alimenta e mata sua sede. Ele tem classe, arte e ternura. Os detalhes são impressionantes. Detalhes microscópicos e macroscópicos. Há detalhes no mar, no girar do planeta, nas estações e no tempo de cada vida. Há detalhes de cor e leveza. A flor que fotografei, cheia de mil pontinhos coloridos, vicejou apenas quatro dias. Duvido que alguém conseguiria fazer uma obra-de-arte como aquela.

Não sou botânico, nem sei explicar o ciclo das plantas, mas sei que elas têm seu tempo de vida. Um pequeníssimo detalhe determina se alguém pode se alimentar delas. Sei que elas morrem, mas ajudam a gerar novas vidas. Não entendo o mistério da semente que esconde dentro do seu ser pequenino grandes árvores, mas sei que há um projeto. Aquele que criou o DNA de tudo tinha, certamente, uma razão para fazer o que fez e do jeito que fez. Todas as manhãs, quando tenho chance, vejo as aranhas construindo suas teias, os pássaros cantando em busca do alimento, as folhas balançando e todo o processo da Criação seguindo seu curso. Olho para mim mesmo, para o lado e para o firmamento que é o céu da Terra e imagino como seria o Céu de Deus. Ao pensar nele, eu me pergunto: – *Por que será que ele fez assim e não de outro jeito? O que será que ele quer?*

Não me passa pela cabeça a idéia do acaso. Não pode ser acaso que a Terra gira com precisão de segundos, que muda de cinco a seis vezes de posição para receber a luz do sol em cima, em baixo, nos lados, frente e verso. Alguém queria que ela recebesse a luz do sol, de maneira a não nos torrar... Alguém queria a vida neste planeta do jeito que é. Fatalmente vem outra pergunta: – *O que será que ele quer de mim? Por que me pôs aqui, agora, neste tempo, nesta era e nesta hora?* Às vezes, eu não tenho respostas, mas não é por isso que deixarei de perguntar. Não nascemos por acaso. Alguém nos quis aqui.

35
IMPORTA-SE COM OS MOLUSCOS

Achei muita graça no Pedrinho, menino de 4 anos, que, conversando, com a mãozinha no queixo, a respeito de *Deuso* – ele chamava Deus de *Deuso*. Queria saber do tio padre o que é que *Deuso* fazia com os passarinhos que morriam. O que é que *Deuso* fez com o cachorrinho dele que morreu? Será que o cachorrinho dele que morreu "tava" com *Deuso* lá no céu? E será que o passarinho dele tava lá com o *Deuso*?

Aí eu disse: – *Deus se importa com tudo, sim, Pedrinho! Importa-se com você, com a vovó, com o vovô, com o tio padre, com todo mundo.* Passava perto de nós uma lesma. Ele se virou, apontou com o dedinho e perguntou: – *Deuso se importa com essa lesma?* Respondi que sim. Ele se importa com os moluscos e com as lesmas. Então, veio a pergunta inteligente, que criança às vezes faz: – *Mas ela anda tão devagar. Se vier um gato e comer, ela não vai conseguir fugir. Então, por que Deuso não ajuda a lesma a correr mais depressa?*

Então ele esculhambou com a minha teologia! Um Ratzinger, hoje Bento XVI, e um Rahner saberiam discursar sobre isso, porque são teólogos. Meus colegas da faculdade onde lecionei tantos anos talvez saibam arrazoar sobre isso, mas eu me embananei. Eu disse: – *Isso aí eu não sei, Pedrinho. Não sei por que Deus não faz a lesma andar mais depressa. Não sei por que Deus faz o passarinho voar. Não sei por que Deus faz criança inteligente como você, que bagunça todo o meu coreto. Não sei por que Deus faz as coisas lindas e também algumas coisas que a gente não acha lindas. O dia que eu me encontrar com ele pessoalmente, lá no céu, vou perguntar tudo isso. E você, quando for grande, vai perguntar também!* Aí ele deu uma risada divina, para uma criança de 4 anos, e disse: – *Deixa pra lá! Tem coisa que ninguém sabe!*

Esqueceu a conversa e foi passear. Quem ficou pensando fui eu! Duas ou três vezes me peguei pensando naquele acontecimento. Uma criança detonou em mim uma reflexão teológica inquietante. Deus importa-se com as lesmas, com os moluscos e com tudo, mas só Deus sabe por que alguns animais se defendem e outros não. Só ele sabe por que alguns animais não têm mecanismos de defesa. Só Deus sabe o que ocorreu no processo da Criação que detonou isso. Os cientistas também não chegaram a nenhuma conclusão sobre isso. Ninguém sabe. Se temos fé, um dia saberemos. Os arenques, aos milhões, parecem ser criados para alimentar as baleias, os golfinhos. Os que sobrevivem criam outros milhões para outra vez alimentarem baleias, golfinhos e pássaros!

36
DEUS INTERFERE

Deus interfere! Será mesmo que ele interfere? Se eu dissesse que não, estaria negando a presença de Jesus no mundo. Estaria negando que ele envia seus anjos e mensageiros. Negaria todas as aparições, os milagres e as curas que Deus concede. Ao negar que Deus interfere na Criação e na obra que ele fez, estou negando o poder dele. É claro que Deus interfere. Ele não criou tudo para, depois, cruzar os braços. Interfere quando acha que deve.

É claro que o Todo-Poderoso pode mudar o que quiser. Jesus diz que recebeu do Pai todo o poder... Sinal de que o Pai tem todo o poder. – *Tudo me foi dado*, disse ele (cf. Jo 3,35; 17,7). Tinha o poder de transformar aquela água em vinho. Exerceu muito bem o poder de interferir e curar as pessoas. Interferiu no corpo daquela pessoa e lhe devolveu saúde. Interferiu na alma daquele bandido e criminoso e lhe restituiu a vida e o desejo de corrigir seus erros. Devolveu alegria e paz para muita gente com sua palavra, seu carinho e seu poder. Jesus interferiu, o Pai interfere, e ambos enviam seu Santo Espírito para interferir.

Deus interfere, sim! Interfere, mas não com força. Interfere de maneira sempre respeitosa, dando ao indivíduo a carga de amor que ele precisa e dentro do limite de cada um. Deus não força ninguém a amá-lo. Se forçasse, não seria Deus, nem isso seria amor. Como é que eu posso forçar, com um revólver, que uma pessoa me ame? Isso não é amor. Como é que o sujeito pode chegar lá e indagar: – *Você vai me amar à força?* Isso não funciona. Nem Deus vai nos apontar um revólver espiritual e exigir que o amemos. Está aí algo que Deus não faz, nem poderia fazer! O amor de Deus é misericordioso, é gratuito e não força. Tanto isso é verdade que Jesus liberou os Doze para irem embora, quando muitos dos outros discípulos o abandonaram. Foram embora, escandalizados com o que ele disse sobre a Eucaristia futura: que o pão que daria era a carne dele para a vida do mundo. Tudo isso está em João 6,67. Disseram: – *Isso aí é duro de agüentar. Que fala mais estranha! Quem pode engolir uma coisa dessas?* Não andavam mais com Jesus.

Pensam que Jesus interferiu? Não interferiu nem correu atrás. Ele não força ninguém a amar. Mas, quando a gente suplica: – *Deus, interfira na minha vida!*, ele, delicada e gentilmente, pede licença e age. Em alguns casos, é drástico: pega pelo cangote, como o Pai fez com Jeremias (cf. Jr 1,5-12), e Jesus, com Paulo (cf. At 1,9-17). Chega uma hora em que ele vai lá e manda e... ponto final! Não é que Deus os forçou a amá-lo. Já amavam, mas do jeito errado!

Uma coisa é certa: o Deus que interfere não é violento na sua interferência. Não o faz metendo medo. **Deus quer ser amado, e toda a conversão tem que ser por amor, não por medo. O medo não é um bom conselheiro. Sentir temor é uma coisa, medo** outra! Deus não é carrasco! Peçamos a graça de entender que quer ser amado e não temido. Ele interfere, porque ama. Pergunte isso aos pais amorosos e apaixonados!

37
DEUS AJUDA

"Deus ajuda" é uma expressão que nasce de outra: "Deus nos ama". Se eu digo que Deus ama a todos, se digo que Deus me ama, então tenho que dizer que Deus ajuda; caso contrário, seria uma doutrina incongruente. A doutrina da graça está toda calcada nisso. Quem ama quer o bem do outro. Quem ama de verdade faz pelo outro tudo o que lhe pede, desde que não seja ruim para o outro, nem para ele. Quem ama de verdade tenta descobrir um jeito de amar que faz bem.

Quem ama quer ajudar. Quem quer ajudar sem amar acaba ajudando de forma errada. Se ajudo sem amar, faço bem; mas, se ajudo por amor, faço melhor. Sem amor, provavelmente vou ajudar com má vontade ou nem vou ajudar. Precisa haver uma pureza muito grande na ajuda que damos. – *Vou ajudá-lo enquanto sinto que posso, enquanto você acha que precisa. Se achar que não precisa mais, diga, porque a medida é sua, não minha.* Existe uma expressão filosófica em latim que reza deste modo: – **Quidquid recipitur, ad modum recipientis recipitur**. Significa que tudo aquilo que é recebido está relacionado não com a capacidade de quem deu, mas com a capacidade de quem recebeu. Por exemplo: um balde só pode receber certa quantidade de água, porque o resto é desperdício. O barril pode agüentar a água do balde, mas não é possível que o balde receba toda a água do barril. Por isso, o balde só vai agüentar a quantia de água que pode carregar. O barril deve dar aquela quantia que serve ao balde; depois, precisa verter seu conteúdo para outros vasilhames.

Assim deve ser o amor. Ajudar demais faz mal, carinho demais faz mal, palavras demais fazem mal, amor demais faz mal. **Nem Deus ama demais. Ama ao infinito, mas não demais.** Ele ama na medida certa e de acordo com a necessidade do filho. Ama infinitamente, mas a aplicação de seu amor é pedagógica. Por isso, peçamos que Deus nunca nos permita amar demais ou de forma errada, porque isso pode fazer mal para a pessoa que está precisando de amor. Excesso de chocolate enjoa!

Temos que manter esse diálogo, pais e filhos, namorados, amigos. Há um limite para o amor humano. Deus mesmo estabelece um limite para o amor dele, sem forçar. São Paulo comenta isso numa de suas epístolas. Diz que, no começo, a pessoa ganha o leitinho da fé, depois precisa ganhar coisas mais sólidas (cf. 1Cor 3,1-3). Há um limite. As pessoas precisam crescer e sentir que foram amadas em seu limite e agora estão sendo amadas dentro de outro limite. Esse é o conceito da graça que Deus dá. Não ajuda de qualquer jeito, mas sim do jeito certo. Nem de mais, nem de menos!

38
O DEUS QUE DÁ

De graça recebeste, dá de graça (cf. Mt 10,8).

O pregador disse textualmente: – *Se você não dá nada para Deus, não espere receber alguma coisa dele!* Horrorizei-me. Estava dizendo, pelo rádio, para milhões de ouvintes da sua Igreja, que Deus é *barganhador* e que só dá quando lhe damos! Não leu nem Mateus 10,8, nem Jo 3,16, nem 2Cor 9,7. Deus é doador, não negociante.

Na ânsia de receber mais dízimos para o seu grandioso projeto de fé, ele mentiu deslavadamente, deturpou a Bíblia e traiu o ensinamento da maioria absoluta das Igrejas cristãs, que ensinam que Deus amou primeiro (cf. Jo 3,16), é benigno, misericordioso (cf. Lc 1,54), doador, e até dá quando nem sequer pedimos (cf. Jo 5,2-8). Aquele pregador também não explicou a diferença entre dar para a Igreja e dar para Deus. Não é a mesma coisa! Nem todo projeto de uma Igreja é projeto de Deus. Se uma Igreja estiver recebendo dinheiro de traficante, sob a condição de não combater o narcotráfico, isso não é dinheiro para a obra de Deus. Quem deu dinheiro para o templo do Senhor o fez para uma obra de Deus, mas quem deu para o palácio de Salomão não deu dinheiro para o Senhor, até porque Salomão fez para si uma casa maior do que a que fizera para Deus... (cf. 1Rs 7,1ss). Isso mostra aonde pode chegar um religioso munido de ambições políticas e de um projeto de hegemonia e de poder. Diz que Deus quer o que ele está querendo. Assim que consegue a obra, não resiste à tentação de dizer que ela é a maior no gênero... Quem estudou psicologia sabe o que isso quer dizer!

Deus dá, mas nem sempre dá o que pedimos e não se deixa dobrar pela quantidade de dinheiro que depositamos nas mãos de seus repre-

sentantes. O dízimo das Igrejas deveria ser revisto. Em muitos casos, tornou-se opressão. Muito dinheiro pode ser bom para a ascensão daquele grupo religioso, mas não necessariamente para o Reino de Deus. O discurso de algumas Igrejas sobre o dízimo é viciado na origem. Supõe que dar para a Igreja é o mesmo que dar para Deus (cf. Gn 47,22). Não é! No tempo de José do Egito, os sacerdotes possuíam quase todos os latifúndios, mas, na reforma, a terra deles não foi tocada! A porção do Clero em Israel era certamente bem generosa, comparada aos demais. O Clero católico teve e tem, em muitos países, um grande poder econômico. Hoje há igrejas evangélicas ou pentecostais donas de grande poder aquisitivo, embora o múmero de seus fiéis seja 50 vezes menor do que as demais Igrejas. Até onde os fiéis aceitarão tudo isso como vontade de Deus? Não estarão sendo vítimas do *marketing* religioso moderno?

Jesus ridicularizou o fariseu, lá na frente do altar, que se proclamava mais santo do que o publicano, lá no fundo (cf. Lc 18,9). O santarrão se tinha na conta de mais eleito que os outros religiosos, porque **jejuava** duas vezes por semana e **pagava o dízimo** de tudo o que possuía; deu isso como garantia de que era um bom fiel. Logo, ele esperava melhor tratamento por parte de Deus! Jesus conclui dizendo que o publicano saiu puro, e o fariseu mais sujo do que pau de galinheiro.

Tomemos cuidado com os pregadores de religião de resultados, que nos garantem que Deus retribui em dobro a quem dá o dízimo àquela Igreja. Não mostram todos os trechos da Bíblia que falam do assunto, nem contam toda a verdade. Jesus pediu que o Pai afastasse dele o cálice de dor, e o Pai não afastou... (cf. Mt 26,42). Nem toda prece que fazemos é atendida. Deus não tem que nos atender do jeito que esperamos, da mesma forma que os pais não têm que dar tudo o que os filhos pedem. Eles sabem de coisas que os filhos não sabem!

O mesmo Jesus que disse que tudo o que pedíssemos ao Pai em nome dele nos seria dado (cf. Jo 14,13) também ensinou que, ao morrer na cruz, a vontade do Pai é que devia ser feita, não a dele. Mandou até orar para que fosse feita a vontade do Pai, não a nossa (cf. Mt 6,10).

Os 100% aos quais Jesus se refere (cf. Mt 19,29) não têm nada a ver com herança, emprego, dinheiro no banco ou casa na praia. Ele fala de vida plena e paz. A quem lhe pediu que interferisse numa questão de dinheiro, Jesus deu a resposta mais do que clara: não viera para esse tipo de coisa (cf. Lc 12,13).

Em que Cristo acreditamos? No que distribui dinheiro, emprego e casas e os dá fartamente a quem paga o dízimo ou no que diz que não quer ser procurado, porque deu pão para o povo (cf. Jo 6,26), nem veio para mexer com dinheiro e cuidar de heranças? (cf. Lc 12,13-14). **Seu deus é o Deus a quem você se dá ou o Deus que lhe dá coisas em troca de sua contribuição em sua Igreja?** E quem disse que todo dinheiro dado para a sua Igreja é dinheiro dado para Deus?... Há ou não limites?

39
O DEUS QUE NOS ARREBATA

Entro num tema polêmico. Arrebatar pode ter vários significados nas mais diversas Igrejas, mas o fato transversal é que existe um batismo, no qual eu acredito, que é o batismo no Espírito (cf. At 1,5-8; 8,15-18). Uma de suas manifestações é o dom das línguas, no qual também acredito (cf. At 2,4; 2,38; 4,31; 7,51; 8,15). Negar o batismo no Espírito, o dom de línguas, os dons superiores e os frutos deles seria negar a Bíblia. Sim, admito que eles existem.

Então, por que a polêmica? É que um certo tipo de crente considera crente e iluminado apenas aquele que recebeu o dom das línguas do jeito e com os sons dele. Seria como o carimbo oficial. Falou em línguas do jeito dele e arrebatou-se a ponto de não achar palavras para expressar seu encontro – sinais de que se converteu e foi batizado no Espírito. Mas ai do fiel que não emitir aqueles sons que todos emitem! Nada mais falaz! Paulo se apressa em dizer com palavras mais do que claras a sua opção. **Até falava em línguas mais que os outros! Mas havia dons bem mais marcantes para um cristão** (cf. 1Cor 12,1-12; 14,1-40). Não era dom nem de se proibir, nem de se gabar. Era um dom entre os demais! É isso o que alguns irmãos cristãos não querem entender. Insistem que é sinal de eleição. E não é! Se Madre Teresa de Calcutá, Irmã Dulce e os papas João XXIII e João Paulo II falaram em línguas, então o que fizeram não foi eleição? Aparentemente não lhes fez falta para se tornarem santos! Tiveram o melhor dos dons: o da caridade!

Recentemente recebi palavras ofensivas de um irmão católico que me caluniou, dizendo que não sou crente católico porque não falo em línguas. Segundo ele, não tendo recebido este dom, não tenho o direito de falar a quem o recebeu. Imagina que isso se aplica a mim, ao Papa, aos bispos e cardeais, que também não falam em línguas. Não temos o direito de ensinar nada aos eleitos que falam em línguas! A esse ponto chegamos! Tem cheiro de montanismo, que foi uma heresia perigosa nos primeiros séculos do cristianismo. É interessante que o leitor consulte sua enciclopédia e saiba do tamanho do estrago que Montano fez na Igreja... Não considero o dom de línguas como o de emitir sons misteriosos, gemidos inenarráveis ou sons harmônicos sem palavras claras. É mais do que isso. É dom de amor. Vejo-o como o dom de comunicar sentimentos ou verdades, sem necessariamente usar palavras ou sons conhecidos. Vejo-o numa perspectiva mais ampla. **Considero o dom de compor sons e palavras para o povo cantar na catequese e na liturgia como uma das línguas que o Espírito Santo sugere, já que a música é uma linguagem de sons, os quais precisam ser bem tocados e entendidos.** Nesse caso, eu, que já recebi do Senhor a inspiração para mais de três mil canções, baseadas na Bíblia, em livros de catequese e na doutrina dos papas, tenho o dom da linguagem musical. Por que pediria que Deus me concedesse dom de sons e palavras ininteligíveis se ele me deu o dom de sons e palavras musicais interpretáveis? Querem dizer que não fui batizado no Espírito só porque não faço o mesmo som que a assembléia, arrebatada no êxtase do amor, faz?

E a canção que Deus me deu e arranca lágrimas, leva à reflexão, à oração, ao abraço, ao perdão, à conversão de pais e filhos não foi uma língua? Estou excluído da Renovação Carismática Cristã (RCC) e não posso ensinar nada a esses irmãos por que, quando falo línguas do meu jeito, meu som não é igual ao deles? Como meu som não é *Shalamaiaramaiala* ou *Malashalamailámala* e uso outras vogais e consoantes predominantes, além do habitual "a" ou "i", "m" e "l" dos que falam em línguas, devo ser declarado não crente, não carismático e não batizado no Espírito? E quem me calunia dizendo que não creio no Espírito Santo ou que sou contra a RCC foi batizado no Espírito? Se foi, o fruto não é nada condizente com quem diz ter os dons do Espírito, já que o maior é o da caridade! Eu não nego o dom dele, mas ele nega o meu. Será que ele entende o que está fazendo?

Quando compus *Oração pela Família*, como a palavra já o diz, **compus**, isto é, **juntei sons, ritmo e palavras** tiradas do documento *Familiaris*

Consortium sobre as famílias; harmonizei, rimei e tornei aquela catequese cantável. Deus não inspirou o Papa? Não me inspirou? Por que achar que esse dom é menor do que o dom das línguas? Por que um compositor que não fala em línguas, como os demais, deve ser considerado não crente e não iluminado se a canção que Deus pôs nos lábios dele ajudou milhões a sentirem-se arrebatados no amor e na fé? Edificar os outros não é dom? Edifica o indivíduo e não é dom?

Maria de Nazaré, Maria de minha infância, Utopia e Pelos caminhos da América, de Zé Vicente, Nossa Senhora da Libertação, de Antonio Cardoso, Mãe do Céu Morena, Estou pensando em Deus, Oração pela Família, de minha autoria, e milhares de canções que edificam os pobres e os casais não são dons do Espírito? Não são sons? Não precisam ser interpretados? Paulo foi menos apóstolo porque disse que preferia emitir cinco palavras compreensíveis a falar mil palavras em línguas não inteligíveis (cf. 1Cor 14,19)?

A meu ver, a superexaltação de um tipo de dom das línguas revela pouca compreensão desse dom, que aparece de muitas formas e, muitas vezes, em forma de canção ou na preleção de um teólogo, porque cantor e teólogo estão desenvolvendo outra linguagem. Como negar que o dom do Espírito Santo está tanto na linguagem de uma encíclica papal quanto numa canção bem executada, tanto nas páginas profundas de um teólogo quanto no irmão arrebatado e de olhos fechados que canta Shaiamalamaiamalámala?

Por que o irmão que nunca estudou teologia e emite quase sempre o mesmo som e toda vez que fala em línguas é considerado batizado no Espírito, e o outro, que leva anos estudando a fé ou emite sons aprendidos com maestros, consultando tudo o que o Espírito Santo já sugeriu à Igreja, é considerado "não crente" porque ousa dizer que não fala em línguas e não recebeu esse tipo de dom, mas recebeu outros igualmente sérios e importantes para a fé?

Creio no Deus que nos arrebata (cf. Gn 1,11; 2Cor 12,2-5). Sei quanto ele fez na vida dos que foram verdadeiramente batizados no Espírito.

Considero, porém, uma grande injustiça proibir que um teólogo, um bispo da libertação, um catequista ou um pregador falem ao seleto grupo de eleitos, porque esses se comunicam com aquele tipo de som, e eles têm outros sons.

Para mim, trata-se do mesmo dom de línguas. É que entendo que esse dom é maior e mais amplo do que andam dizendo que ele é. A RCC sabe disso. Alguns de seus afiliados, pelo visto, não! Que sejam instruídos, antes que se tornem montanistas.

40
OLHAR PARA ONDE?

Olhar para onde quando se fala com Deus? Algumas pessoas fecham os olhos; outras olham para o lado, com olhar perdido, e outras, para cima, como se Deus estivesse lá, em alguma estrela, no infinito, onde nossos olhos se perdem. Alguns se deitam sobre a terra, para mostrar sua disposição de servos; outros dobram os joelhos. Há os que se sentam num banco de Igreja ou numa poltrona de seu quarto e, lá, seus pensamentos se perdem no Deus que eles amam. Muitas vezes, o conceito que se faz de Deus gera a postura do corpo.

Mussul quer dizer escravo. Os muçulmanos se dobram diante de Deus como servos. Ajoelhar-se curvado era gesto de reverência ante o rei. Os católicos fazem esse gesto porque crêem no Reino de Deus. Curvar a cabeça, falar chorando e fechar os olhos, como fazem hoje alguns pentecostais, são traduções do conceito que eles fazem de Deus.

Olhar para onde quando falamos de Deus? O certo seria olhar para toda parte e para lugar nenhum. Deus está em toda parte e não está em nenhum lugar que nós achamos que ele esteja, nem do jeito que pensamos que ele esteja. Ele estará onde ele quiser e do jeito que quiser, mas não do nosso jeito. Por isso, podemos olhar para o alto, mas é bom que saibamos que Deus não está apenas lá. Podemos olhar para o lado ou perder nosso olhar no infinito; ele está lá, mas não está só lá. Podemos até olhar para dentro de nós. Deus não está preso ao nosso interior, mas age nele.

Deus é mais do que uma idéia e um conceito: é uma existência. Mas, como nossos pensamentos e nossas categorias são extremamente limitados, então nem os olhos do rosto, nem os olhos da mente, nem os sentimentos conseguem vê-lo de verdade. É por isso que *con-templa-mos*, ou seja, **entramos em atitude-de-templo**, para tentarmos compreender o que é crer em Deus. Desafio eterno e permanente a qualquer inteligência, Deus é maior do que tudo o que possamos imaginar. O único e inteligente de verdade é ele. Só ele *intus-legit*, só ele lê dentro de tudo. Nós ficaremos sempre na periferia. Jamais chegaremos ao profundo. Não temos essa capacidade.

41
AONDE É O ONDE DE DEUS?

Onde é o onde de Deus? A pergunta faz sentido, porque todas as coisas se situam. Existe o onde do carro na avenida. Se ele for para a calçada, lá não é o onde desse carro. Existe o onde do avião: se ele pousar no aeroporto, lá é seu onde; se pousar numa imensa avenida ou numa clareira, lá não é seu onde. O onde do navio é o mar. Se ele estiver em terra firme, então não está no seu onde.

As aves têm o seu onde; os peixes, o seu onde; o ser humano, o seu onde, até o nosso anel tem o seu onde. Tudo tem sua hora, seu tempo e seu lugar. Mas Deus não precisa desse onde. Se quisermos saber onde fica o onde de Deus, estaremos chovendo no molhado, porque Deus está em toda parte, mas não está, para nossos olhos, em lugar nenhum. Aonde quer que possamos ir, poderemos encontrar os sinais da presença de Deus, mas não encontraremos Deus como ele é. Ele é mais! Contudo, ele nos encontrará lá, à procura dele.

É que o onde de Deus é infinito. Ele está em toda parte, só que nossos olhos jamais o verão, a não ser depois da morte, mergulhados nele. Então, descobriremos que Deus não é objeto, não é matéria, não tem onde. Mas há uma verdade a respeito disso. Como Deus é aquele que é quem é, está em si mesmo. Como é infinito, é o continente; aquele que contém e não o contido, nem o que está dentro do continente.

É difícil achar palavras para expressar que tudo pode caber dentro de Deus. Deus, porém, não cabe dentro de nada. O conteúdo de Deus está por toda parte, mas não podemos cair no panteísmo de achar que Deus é um pouco de tudo. Ele não é tudo. Já falamos sobre isso. Voltaremos a falar sobre isso.

42
MEU DEUS E MEU TUDO

Volto ao tema, porque parece que continuam insistindo nele. A líder orava naquele retiro e insistia na sua prece: – *Meu Deus e meu tudo!* No intervalo, achei que devia corrigi-la. É que sou padre, e esse é um dos meus ofícios. Disse a ela que são Tomé havia dito: – *Meu Senhor e meu Deus* e não *Meu Deus e meu tudo*. Havia uma enorme diferença nisso. Expliquei o que era panteísmo e como, na Bíblia, Deus nunca é chamado de "tudo". Ele é o dono de tudo, o Senhor de tudo, mas não é tudo. Jesus diz que o Pai lhe dera tudo, mas nunca disse que o Pai era tudo (cf. Mt 11,27). Deus não pode ser tudo, porque não é nada daquilo que criou, muito menos pecado, que ele não criou. Essas coisas existem, mas não são Deus.

Vocês não imaginam o que ela me respondeu: – *É assim que eu penso e é assim que eu vou orar. Se, para o senhor, ele não é tudo, é uma pena. Para mim, ele é meu tudo. O resto é nada para mim.* Vi diante de quem estava. A líder, escolhida por um dos grupos para comandar as preces, não admitia ser corrigida por alguém com menos Espírito Santo do que ela. Nem mostrando a Bíblia ou algum livro de catequese, ela aceitaria. Optou por uma heresia que, lendo são Paulo do jeito errado, insiste em considerar lixo tudo que não seja Deus. Não foi isso o que Paulo disse, mas assim eles entendem e pregam (cf. Fl 3,8). Resvalou para o montanismo.

Diante da teimosia dela, já que o diretor espiritual do retiro era eu, ou me calava deixando de exercer meu ministério de padre ou interferia. Interferi! Sugeri um debate sobre a oração que fizemos de manhã. Perguntei aos presentes quem considerava que Deus era tudo. A maioria pensava assim. E se aceitariam que eu lhes ensinasse a doutrina católica sobre Deus para orarem melhor, quando falassem com ele. Sim, queriam! Achavam que isso lhes fazia falta. Marcamos então a palestra das 20 horas para isso.

Já podem imaginar o que aconteceu. Ela precisou ir para casa, para resolver um problema... Voltou na manhã seguinte e, tendo eu designado outra pessoa para puxar a oração, aproveitou uma chance e me desafiou outra vez. Começou sua prece dizendo: – *Nosso Deus e nosso tudo...* Quem era eu, simples diretor espiritual, diante do livro que ela seguia? O grupo entendeu a situação e continuou a prece chamando Deus de Pai de todos e Senhor de tudo. Ela só mudou de opinião quando o diretor do movimento do qual fazia parte confirmou que a catequese da Igreja é esta: **Deus não é nosso tudo. A Criação é uma coisa, Deus é outra realidade. Catolicismo não rima com panteísmo. Nem pode!**

43
DEUS DEIXA ACONTECER?

Que mãe iria deixar uma pessoa seqüestrar seu filho? Que mãe permitiria que uma pessoa batesse no filho? Que pai permitiria que uma pessoa matasse seu primogênito ou seu caçula? Quem é pai ou mãe não deixa. Ora, Deus é Pai e Mãe também, porque Deus não tem sexo nem gênero, não é homem nem mulher, não é pessoa humana. Se ele é mais que pai e mãe, então por que deixa acontecer? Como explicar aquele *tsunami* de 2004, em que morreram mais de 200 mil pessoas de um só golpe? Como explicar o terrorismo e esses poucos ladrões desviando todo esse dinheiro do país e nem os juízes nem Deus fazem nada?

Essas perguntas deixam atônitas todas as religiões e todos os pregadores. Podemos vir com uma resposta fácil e dizer: – *No infinito plano dele, isso aí vai ter uma finalidade...* Isso a gente acha que vai ser, porque Deus não faz bobagens. **É claro que Deus deve saber por que aconteceu isso. Mas não é muito fácil dizer por que é que deixou acontecer.** Os desígnios de Deus são imperscrutáveis. Jesus rezou o salmo 22 quando estava morrendo e foi ele mesmo quem disse: – *Meu Deus, meu Deus, por que me abandonaste?* Orou o mesmo salmo de seu povo, quando a dor lhe doía demais (cf. Sl 22[21],1). Era Jesus orando um salmo de dor e de perplexidade.

Uma vez, perguntaram a Jesus a respeito de um rapaz que havia nascido cego: – *Quem teve culpa? O pai, a mãe ou ele mesmo?* Jesus respondeu: – *Ninguém teve culpa, isso está dentro do projeto do meu Pai, que um dia vai ser entendido* (cf. Jo 9,2). Jesus ensinava que há coisas que nós não sabemos explicar e que parece que Deus deixou acontecer, quase como se Deus fosse mau. Foi a resposta dada por ele a respeito de pessoas que morrem inocentes, como ocorreu no caso da Torre de Siloé, que caiu sobre 18 operários (cf. Lc 13,4). Quiseram saber por quê... Mas a resposta que deu sobre pessoas que nascem com doença foi uma catequese aberta: – *Essas coisas não são culpa do pai, da mãe ou do próprio indivíduo. Há um projeto do Pai que um dia vocês vão entender; mas, por enquanto, não tenho como explicar.* A cabeça e o coração humano não aceitam uma coisa dessas.

Nem mesmo próprio Jesus deu certas explicações. Disse que muitas explicações nós vamos ter quando estivermos na eternidade, com o Pai. São Paulo diz a mesma coisa ao afirmar que agora vemos tudo meio embaçado, como por um espelho. Um dia veremos tudo como realmente é (cf. 1Cor 13,12).

Não deixa de ser ousadia quando um pregador diz que tem todas as respostas e garante que quem entrar para a Igreja dele vai parar de sofrer... É interessante como *marketing;* porém, como verdade, deixa muito a desejar. Porque as pessoas correm mais atrás da promessa e do *marketing* do que da verdade, pregadores que garantem ter todas as respostas, milagres e soluções sempre terão sucesso e lotarão os templos. Naquelas telas, nunca mostram seus doentes terminais, ultradebilitados, morrendo de Aids ou de câncer. Só falam de vitória, vencedores, milagres e sucesso financeiro. Nós, católicos, vemos a cruz de maneira diferente: mostramos nosso Papa doente até o fim e, até o fim, tentando servir o povo de Deus. Jesus também agonizou aos olhos de todos e orou até o fim! Não escondeu seu sofrimento. Aos que dizem que a Igreja fez *marketing* da doença do Papa, respondemos que os cristãos, continuam a fazer o mesmo quando falam da cruz e do sangue de Cristo... Por que esconder a dor?

Quem quer respostas fáceis vai sempre achar um pregador que, por qualquer recompensa, satisfará a comichão de seus ouvidos (cf. 2Tm 5,1-4).

Para quem crê em Deus e aceita Jesus, a vida não é explicável em tudo. Nossa Igreja Católica tem essa humildade de dizer que nem tudo tem explicação. No passado, nem sempre foi assim. Havia pregadores que garantiam o que não podia ser garantido. Hoje, o conceito de dor e morte tem outra leitura por parte da Igreja. Temos que viver com os mistérios da alegria e da dor, porque Deus tira proveito dos dois e sabe o que fazer com ambos. Nós é que nunca nos conformaremos, a menos que entendamos a mensagem da cruz e da ressurreição. Aí tudo se enche de sentido. **Do nosso estreito ângulo, há coisas que não vemos, nem mesmo com um telescópio... Há mais mistérios do que pensamos que há.**

44
DEUS DETERMINA?

Já ouvi, você já ouviu e muita gente ouviu pregadores de religião dizendo que Deus determinou algo desde o começo. Se era para você quebrar o pé, se era para vocês se separarem, que vocês iam se amar e depois de três anos iriam terminar o casamento, tudo já estava determinado desde o começo.

É uma doutrina que não se sustenta. Deus não determina o mal, nem a dor, nem o sofrimento. A doutrina cristã, sobretudo a católica, sobre o bem e o mal, a tristeza e a alegria, o sucesso e o fracasso é bem diferente do que muita gente anda ensinando por aí. Não é que Deus determina que alguns serão milionários e outros miseráveis, que uns terão tudo em sua mesa e outros passarão fome. Não é que Deus determina que um time vai vencer e outro perder, nem dar a vitória ao time que tem mais cristãos, nem determina que uma mulher vai perder o marido para outra. Deus não determina o mal e o sofrimento, nem torna uma pessoa rica porque pagou o dízimo. Uma coisa é o *marketing* de algumas Igrejas e outra a verdade do Livro Santo.

Deus não pode obrigar as pessoas a serem boas, nem forçar alguém a amar, porque contradiria a si mesmo. Deus é amor, e o amor não pode ser forçado. Então, por que é que acontece isso? O que Deus determinou é que, no decurso dos acontecimentos, ele ofereceria mil chances para cada pessoa. Se você já leu a Bíblia, nos livros do Gênesis e do Êxodo, vai perceber que a narrativa da Criação é progressiva; conta a história de Adão e Eva, que puderam escolher entre o bem e o mal. Havia a árvore da ciência do bem e do mal, da qual não deviam fazer uso, mas fizeram. Aí a Bíblia progride e chega ao livro do Êxodo, quando Deus orienta Moisés para formar seu povo. Quando o povo já está quase formado por Moisés, outra vez vem a proposta da escolha! Isso também é repetido em

Deuteronômio e Números. Em certo momento, Deus diz: – *Eu ponho você diante da vida e da morte, você escolhe a vida* (cf. Dt 30,15-20). O livro diz que Deus nos deixa escolher. Isso significa que, quando nós escolhemos o mal, nós o escolhemos com todas as suas conseqüências, assim como o bem, com todas as suas conseqüências.

O beijo carinhoso e amoroso que eu dou e que nasce da minha bondade vai ter conseqüências boas. O beijo mal-intencionado, agressivo e desrespeitoso vai ter suas conseqüências. A palavra amorosa que eu digo vai ter conseqüências, a palavra maldosa também. Não é que Deus põe palavras maldosas no meu coração e na minha boca. Ele não faz isso. O homem é responsável pela maioria dos males que há neste planeta, só que, às vezes, ele atribui isso ao demônio, para não assumir responsabilidades. Às vezes, culpa Deus, para não assumir as conseqüências. Somos responsáveis pelo bem ou pelo mal que fazemos. Deus inspira o bem; o mal ele não inspira. Isso a gente acha por conta própria.

45
DEUS DETERMINA O FUTURO?

Há quem diga que Deus determina, de antemão, tudo o que vai acontecer no planeta e no Universo. Saber que vai acontecer é o mesmo que determinar que aconteça? Se vir dez pessoas armadas caminhando com raiva pelas ruas, sei que vão matar alguém, porque são livres para escolher entre o bem e o mal; mas o fato de saber que vão matar não quer dizer que determinei que matem.

Quando Deus diz, em Dt 30,15-20, que põe seu povo diante da encruzilhada da vida e da morte, da bênção e da maldição e que o povo deve escolher, está dizendo que Deus respeita a decisão humana. Então ele não determina tudo o que vai acontecer. Deixa claro que, se querem ter filhos e que estes sobrevivam, precisam escolher direito. É um dos textos que deixam claro que Deus não determina todos os detalhes do futuro. Jesus conta uma parábola do rico avarento e cruel e do mendigo Lázaro (cf. Lc 16,19). Lá, também, Jesus faz pai Abraão dizer ao rico, já no inferno, que seus parentes deveriam decidir por eles mesmos. Eles tinham a lei que os orientava. Se não seguem, é porque não querem.

O determinismo é um tipo de doutrina que permeia muitas religiões e muitas cabeças. Segundo tais pessoas e tais credos, Deus já decidiu, *tim tim por tim tim*, detalhe por detalhe, como vai ser o futuro. Por isso, segundo eles, é Deus que decide sobre quem vai morrer e do que; quem vai matar e como; quem vai ser o santo, quem vai ser o pecador; quem vai morrer naquela destruição, e é Deus que determina a dor, o castigo e até o ódio. Ainda, segundo eles, é tudo um jogo de xadrez, no qual ele escolhe algumas peças para serem as vilãs, e outras as boas.

Acredite ou não, há religiões que ensinam tais doutrinas. Acreditem ou não, existem até pregadores católicos e evangélicos falando isso no rádio e na televisão. Dizem que Deus elegeu alguns para o céu e outros para a condenação. Interpretam mal o que Paulo diz sobre o chamado de Deus. Quando Jesus diz aos fariseus que morrerão no seu pecado, não diz que Deus determinou a maldade deles (cf. Jo 8,24). Mostrou uma realidade. Deus quis, mas eles não quiseram.

E os demais adeptos de outras religiões? Não foram todos eles chamados e escolhidos para o céu? Por quê? Quem lhes disse? Que textos bíblicos usam? Os outros textos não valem nada? Então Deus decide, desde quando cria, quem vai ser salvo e quem não vai? Somos todos um bando de arenques destinados a sermos comidos pelo diabo, como as baleias comem o cardume? Dá para crer que Deus pensa dessa forma? Segundo eles, Deus é um jogador de um imenso xadrez que determina quem é bom e quem é mal, porque, ao saber tudo o que vai acontecer e ao permiti-lo, ele está concordando com os maus.

Qual é o conceito cristão? Nós não sabemos exatamente por quê, nem temos como explicar, porque, às vezes, a dor dói demais. A verdade é que Deus não quer a morte cruel, não quer o mal, nem o pecado. A morte vai acontecer, mas não tem que ser cruel. Aí vem uma catástrofe, e a gente pergunta: – *Se Deus sabia da morte cruel, por que a permitiu?* Então a gente olha para o inocente Jesus na cruz e percebe que o mistério é maior do que nossa cabeça.

Se a morte aconteceu e acontece, se o mal aconteceu e acontece, da maneira como acontece, se os inocentes morrem e se existe pecado, foi ou não foi Deus que decidiu que assim seria? Aquele terrorista religioso que disse que Deus mandou explodir prédios com crianças dentro caluniou Deus. Deus não pediu aquilo. Nem pediria a morte de ninguém. Os homens matam e jogam a culpa nele. A nossa doutrina reza que, mesmo se essas coisas acontecerem à revelia de Deus, ele sabe o que fazer com isso. A curto e longo prazos, ele dará sua resposta.

Nossa religião sustenta que Deus não quer o mal; outras sustentam que ele quer. As pessoas seguem a religião que acham que devem seguir. Na religião que eu sigo, o mal acontece contra a vontade de Deus, porque, às vezes, Deus é desobedecido. Não explica o mistério da dor, mas, ao menos, deixa claro que Deus não se diverte vendo seus filhos sofrerem. Um dia saberemos por quê. Agora, precisamos consolar-nos com a certeza de que, mesmo assim, somos amados. A revolta só piora as coisas.

46
NOSSO DEUS É SANTO

Já vimos que, se **Qdosh: acima de tudo, inatingível, supra-sumo**, significava, para os hebreus, que Deus estava além da imaginação, **Sanctus e Ághios**, versões latina e grega de **Qdosh**, veio a significar **perfeito, sem defeito**. É isso o que pensamos quando dizemos que Deus é santo. É o que a Igreja Católica diz, quando canta na missa: "Santo, Santo, Santo é o Senhor Deus do Universo". Só ele é perfeito, mas é acessível; os outros santos que Deus fez e seu Filho formou não são perfeitos. Santo católico é quem buscou a perfeição, mas tinha limites. Deus é o único santo perfeito.

É nosso jeito de dizer que, se os deuses dos gregos, dos romanos, de todos os povos possuem seus pequenos e grandes pecados, o verdadeiro Deus não tem. Ele é o único Deus e o único Santo.

As histórias de Zeus, Júpiter, Urano, Vênus, Astarte, Marte, Saturno e milhares de pequenos e grandes deuses ou semideuses são muito humanas para serem histórias de Deus. Deuses que sentiam raiva, ódio e inveja, que mentiam, traíam, roubavam a deusa do outro e devoravam seus filhos eram mitos querendo destrinchar o comportamento humano e até justificá-lo. Já a história do Deus único é outra! É ele que é santo. Não peca! Não há como comparar.

Os outros são chamados de deuses, mas não são Deus; levam o nome de deuses, mas são mitos. O nosso é real, e não há outro como ele. Nosso Deus é Santo, não pecou, não peca e não pecará (cf. Ap 4,8). Podemos atribuir o pecado ou o mal a ele, mas estaremos errados se o fizermos. Do mal ele certamente não é o autor. Procuremos outro culpado.

47
DEUS PERMITE O MAL?

O telhado de um templo de uma das igrejas Universal do Reino de Deus caiu sobre os fiéis e muitos deles morreram. Quando Edir Macedo, seu fundador, chorou diante das câmeras e deu a entender que não compreendia por que pessoas que estavam orando morriam daquele jeito, expressou a perplexidade que qualquer pessoa sente diante da morte dos bons. Jesus também perguntou ao Pai enquanto orava o salmo 22: – *Meu Deus, meu Deus, por que me abandonaste?*

Por mais religiosos que sejamos, mesmo que tenhamos fundado uma religião, fica sempre a interrogação diante da morte. Nenhuma Igreja tem todas as respostas. Nenhum fundador, por mais que entenda de Bíblia, sabe tudo. Quem disser que sabe está blefando. Pode haver curas numa Igreja, mas ninguém sabe quem será curado. Isso Deus decide! Será que ele decide a morte? O mistério da dor não tem explicação fácil. Seria tranqüilo se Deus só deixasse cair o teto das boates e dos lugares de pecado. Pareceria mais lógico para nós, mas não é para Deus.

O bispo Macedo já deve ter lido em sua Bíblia e explicado a seus ouvintes a passagem da queda da Torre de Siloé, em que morreram 18 pessoas boas (cf. Lc 13,4-5). A essa altura, já deve ter se consolado com a resposta de Jesus.

Deus permite o mal? Existe gente que sustenta que o pai tem culpa quando o filho mexe com drogas. Segundo eles, a culpa remota ou atual dos erros do filho é do pai ou da mãe. De acordo com essas pessoas, se o filho pega uma arma e mata, a culpa remota ou atual é da mãe ou de pessoas que interferiram na criação e na educação dele. Há os que dizem que, às vezes, o pai é culpado, quando ele permite; às vezes, ambos. Mas não têm culpa quando, tendo ensinado tudo direito ao filho, este, influenciado por más companhias, escapa de sua vigilância e controle. Mas dizem que Deus, quando permite, é porque, no fundo, quis.

É essa a pregação das pessoas que não entendem como Deus pode permitir que uma criança seja esquartejada e uma jovem assassinada, só porque são bonitas; ou que um pai de família seja morto por um moleque de dez anos, porque não lhe quis dar o relógio. Tais pessoas indagam: – *Deus permitiu porque quis. Salvou outros, porque não salvou esse aí?* Disseram o mesmo diante de Jesus, que morria na cruz (cf. Mt 27,42). Deus podia mudar a cabeça daquele moleque e ter salvado aquele pai. Acham que, se Deus deixou, é porque Deus quis aquilo.

Qual é a doutrina dos católicos? Deus não queria que aquele moleque fizesse aquilo, nem que aquela menina sofresse o que sofreu. Alguém desobedeceu a Deus, e as conseqüências começaram ali, porque Deus não pode impor amor. Ele não pode forçar o ser humano a ser bom. Essa liberdade existe, e Deus não pode nos obrigar a ser bons, porque, então, não seria amor, e acabaríamos nos queixando de não ter liberdade.

A verdade é que não sabemos ler os fatos e nunca saberemos. Jamais teremos explicação clara neste mundo, do porquê de uma criança de dez anos matar um pai de família por este não lhe ter dado o relógio. Também nunca haverá explicação satisfatória para a existência do mal no mundo. **Atribuir tudo ao demônio é a resposta mais fácil. Mas o assunto é bem mais complicado do que criar demônios para tudo. Há religiões criando até o demônio da unha encravada e da dor de cabeça.** Pregam a existência de demônios que causam doenças e de anjos que as curam... Tudo o que as religiões mais sérias continuam ensinando no mundo é que não sabemos explicar como nem por que o mal acontece, mas sabemos que, tanto quanto nós, Deus não quer o mal.

48
POR QUE DEUS NÃO AGIU?

Eu me recordo, ainda hoje com enorme pena, do dia em que atendi uma mãe que havia "perdido" uma filha. A moça, de 19 anos, tinha morrido num acidente de carro com o namorado. Morreram esmagados. A primeira coisa que a mãe me disse, assim que me encontrou, entre lágrimas, foi: — *Padre, como é que Deus foi permitir uma coisa dessas? Onde ele estava na hora do acidente?*

Soou como a pergunta dos judeus querendo saber onde ele estava quando milhões deles morriam nas câmaras de gás, em Treblinka. Chorava convulsivamente e esmurrava o meu peito, como se batesse em Deus. Deixei-a chorar bastante. Levei-a, com o marido, para uma sala e comecei a conversar com eles. Em hora como essa, é difícil explicar que **permitir** não significa **querer**. Deus não quer a morte do pecador, mas sim que ele se converta e viva. Também não quer a morte do inocente.

O que é permitir? Se eu ponho a arma na mão de uma pessoa e digo: — *Mate*, isso não é permitir: é mandar. Agora, se uma pessoa vem com uma arma, eu tento proteger a vítima, mas a pessoa consegue e mata. Não permiti isso, tentei não permitir. Permitir seria o caso de concordar com uma pessoa que vem com uma arma e diz: — *Dá licença, posso matar?* Isso seria permitir.

O conceito de "permitir" é muito delicado, se nós o usarmos indiscriminadamente, com respeito à religião. Há coisas que ocorrem sem a nossa permissão, e nós não podemos fazer nada outras que poderíamos fazer, mas não foi possível. Como é que fica Deus, já que ele pode interferir? No primeiro dia que Deus interferisse em tudo o que acontece nesse mundo, nós reclamaríamos por ele não dar liberdade ao ser humano. Intervir, ele intervém, mas não em tudo. Não haveria liberdade alguma se ele o fizesse. Aí o inteligente opositor pergunta: — *Por que só intervém em alguns casos? Por que salva o bandido da morte e não a vítima?* Se soubéssemos responder a isso, seríamos Deus. Só ele sabe. É o preço da liberdade. Ou Deus não nos dá liberdade nenhuma e, então, seremos como o leão, o tigre, a cobra e vamos viver de instintos. Na hora da fome, o dono do estômago vai lá, mata e come alguém. Que Deus queremos? O que faz tudo o que queremos, do jeito que queremos, ou aquele que nos dá liberdade e exige resposta coerente? A parábola de Lázaro e de Epulão é uma história muito séria. Vale a pena lê-la. Deus respeita a liberdade que nos deu, e é isso que nos dói. Gostaríamos que ele não nos respeitasse tanto. Mas, se ele não nos respeitasse, começaríamos a reclamar que não nos respeita. Não é bem um Pai que queremos. Queremos um guarda-costas que nos deixe ir aonde queremos, que venha conosco armado até os dentes para nos proteger e nos livrar dos perigos, mas que não mande em nós.

49
NÃO SOMOS IDÓLATRAS

Sou católico, acusado de idólatra por evangélicos radicais, só porque fiz muitas canções para Maria e para os santos. Sustento minha fé em Deus, a quem adoro, mas venero, admiro e me encanto com os santos que ele fez (cf. Sl 52,9). Tenho a certeza de que não sou idólatra. Sei ler Bíblia e conheço o que ela permite e o que proíbe. Meu louvor e meu culto a Deus são de submissão e adoração. Meu culto aos santos é de admiração.

Tenho facas na minha cozinha, mas nem por isso sou assassino. Eu sei o que fazer com aquelas facas. Tenho fósforos e velas em casa, mas isso não me faz incendiário. Tenho imagens lá em casa, e isso não me um faz idólatra. Eu sei usá-las, sem adorá-las. Não lhes dou mais importância do que elas têm. São sinais e... ponto final!

Além disso, o próprio Deus que proibiu (cf. Lv 26,1) também mandou fazer imagens (cf. Ex 25,18). Então, não deve ser pecado fazer ou ter imagens, desde que não as adoremos.

Acontece que os jornalistas nem sempre facilitam nossa pregação. Anos atrás, uma importante revista nacional me entrevistou para falar dos santos brasileiros. Eu quis prestar um serviço fraterno ao jornalista, já que escrevo todos os dias, como ele o faz, e sei quanto é importante conseguir uma boa informação. Qual não foi minha surpresa quando não ele, mas o redator, disse que eu teria dito que nossa Igreja precisava de **ídolos**. Eu tinha dito que precisávamos de **heróis**. Propositadamente, ele trocou a palavra heróis por ídolos. Não poderia ser tão ignorante a ponto de não saber a diferença. Não imaginam a dor de cabeça que a matéria me causou, eu que apenas quis cooperar com um jornalista que me pediu algumas informações. Nada do que eu disse foi publicado, mas meu nome foi usado para dizer que a Igreja precisava de ídolos. O jornalista escrevera certo. O redator mudou o texto.

O setor de relações públicas respondeu ao meu protesto dizendo que, no dicionário, **ídolo e herói** podem ter o mesmo significado. Mas não se retrataram... Pintaram-me como católico idólatra, eu que vivo combatendo o uso errado das imagens e propondo o correto. A revista não foi honesta! Há pregadores que fazem o mesmo. Dizem que nós adoramos as imagens, mas ignoram a nossa doutrina sobre o uso delas. Não são sinceros.

Outra revista, de 25 de julho de 2001, fez o mesmo com a excelente estudiosa católica Regina Novaes, que ocupava cargo de destaque na Igreja por ser secretária adjunta do Instituto de Estudos da Religião (Iser). Ela seria a última pessoa a propor adoração a Maria. Não é que dois jornalistas que assinaram a matéria "Maria está no meio de nós" escreveram que Regina teria dito que "a adoração à santa" é de vital importância para a Igreja? Criaram mais uma idólatra. Atitude intencional ou desinformação?

Será que os jornalistas que cobrem o tema religião não conseguem fazer distinção entre as palavras venerar, cultuar e adorar? Não possuem dicionário? Não percebem que, quando dizem isso para milhões de pessoas, comprometem nossa pregação?

Proponho que a Igreja crie um dicionário da fé para jornalistas sinceros e os ponha na mão deles toda vez que entrevistarem algum de nós para assuntos de fé. Como está, mais prejudicam do que ajudam, mesmo quando sua intenção parece ser boa.

Que fique claro que nós, católicos, não adoramos imagens, nem santas, nem ninguém mais além de Deus. É que isso não acontece só de vez em quando! Por mais claro que falemos, teimam em chamar nossas imagens de "a santa", "o santo", e usar o termo "adorar" em vez de venerar.

Não seria o caso de a CNBB prestar esse serviço à imprensa e a si própria? Se os jornais mais sisudos criaram um manual de redação para não serem deturpados, não está na hora de criarmos o nosso manual de conceitos? Sugestão lançada!

50
DEUS É SEU ÍDOLO?

Meu *site:* <www.padrezezinhoscj.com> e meus *e-mails* não me deixam mentir. Lá está a prova. São mais de trezentos os que já me disseram que Deus, ou Jesus, ou eu, somos seus ídolos. Usam, sem a menor preocupação, uma palavra que nega a fé cristã.

Ídolo é um objeto ou uma pessoa que passa por Deus, mas não é Deus. Ao dizerem que Jesus é seu ídolo, estão dizendo que, para eles, Jesus não é Deus. Ao chamarem Deus de seu ídolo maior, estão dizendo que seu deus não é Deus. Usam mal a palavra ídolo. Se for ídolo, é um deus falso!

Para eles, quanto me declaram seu ídolo, estão dizendo que sou seu Deus. Corrijamos essa expressão. Mostra que há pessoas que não sabem a diferença entre crer no Deus único e cultivar ídolos. **Cristão pode ter imagens (cf. Ex 25,18-22; Nm 21,9; Rs 6,25), mas não tem ídolos!**

51
DEUS SÓ ACONTECE NO CONTEÚDO

Creio que Deus ilumina e seu Espírito inspira. A luz precisa de matéria para iluminar, assim como o espírito de Deus precisa do seu conteúdo para iluminá-lo. A graça supõe a natureza. Não dê a Deus uma cabeça oca. Gente sem recipiente não tem onde colocar o conteúdo da fé. Vai oferecer um produto falso e menor do que apregoa. Vai vender ovos de codorna como se fossem de avestruz! Em geral, é gente sem conteúdo, dona de um discurso repetido à exaustão. São incapazes de cantar a Deus um canto novo e diferente (cf. Sl 33[32],3) e tocar com maestria, porque, não querendo ouvir os outros cantores além dos que cantam como eles, acabam tocando as mesmas notas, quase sempre do mesmo jeito e dizendo as mesmas palavras e as mesmas coisas. Estão condenados a se repetir, até que aprendam a ouvir os outros irmãos na fé...

Gente que não lê, nem estuda acha que não tem o que aprender com o mundo e com as outras ciências; gente que vive apenas de seu charme espiritual e se proclama especial e revelada acaba mais se promovendo do que promovendo a fé em Deus. Vai falar 90% do que viveu e do que está experimentando. Deixará uns 10% para falar do que Deus fez pelos outros. Há muitos "eus" na espiritualidade deles.

É característico dessas pessoas vazias não se interessar por História, não ler nem aprofundar os dogmas e não ver a graça de Deus nos outros. Promovem mais a si mesmos e o que Deus fez neles do que realizou ao mundo a seu redor. Estão em todas as Igrejas.

João Batista chamou essa gente, dona da verdade e enfatuada com seu chamado especial, de "raça de víboras", incapaz de produzir frutos de arrependimento (cf. Mt 3,8-10). Foi mais longe ao dizer que não pensassem que sua maneira de ser de Deus era tão exclusiva assim, porque Deus pode fazer das pedras filhos de Abraão. Jesus aprofunda ainda mais esse discurso dizendo que, se a justiça dos seus seguidores não fosse maior do que as dos fariseus e santarrões do seu tempo, eles não entrariam no Reino do Céu (cf. Mt 5,20). Chamou-os de guias cegos (cf. Mt 23,16). Estava falando de gente sem conteúdo! Donos de frases feitas e de pouco estudo da fé.

52
CALUNIADORES DE DEUS

Foi calúnia o que disse aquele pregador a respeito de Deus. O casal jovem, com o carro do pai dele, em alta velocidade, estraçalhou-se às 2 horas da madrugada, contra um poste. E o pregador disse à mãe da moça: – *Deus quis! Aceitemos a vontade dele!*

Não, Deus não quis aquele acidente, nem aquela ousadia! De todos, quem menos queria aquelas mortes era Deus! Não tendo explicação e para não admitir que não sabia, ele, o pregador, caluniou Deus. Teria sido mais coerente e humilde se chorasse junto e dissesse: – *Não sei.*

Mas há um tipo de pregador que gosta de falar como quem conhece Deus e sabe tudo sobre ele. Isso o torna um profeta e lhe dá poder! **O pior ateu é aquele que, para não perder uma resposta, diz qualquer coisa e ainda por cima diz que foi Deus quem quis.** O ateu nega, mas o pseudo-religioso calunia seu Deus. É um ateu disfarçado em religioso, que culpa Deus por tudo o que não sabe explicar.

Tomemos cuidado com as expressões: *Deus quis!* e *Deus quer!*; muitas vezes, são proferidas por pregadores que fazem de conta que sabem o que realmente não sabem! Viver uma religião pura é também admitir que não sabemos tudo!

53
NÃO DIGAM QUE DEUS DISSE

Deus quer é uma expressão muito forte, que nasce de um conceito bonito da vida. Nós a usamos a torto e a direito e, às vezes, dizemos que Deus quer o que realmente ele não quer. Muitas vezes, você escuta um padre ou um pastor pregando: – *Meus irmãos, Deus quer a nossa ajuda...* Às vezes, nem está na Bíblia o que ele falou. Não era o que Deus queria!

Há muita gente que quer e joga a culpa em Deus. Acontece com pregadores em programas de rádio. Pedem que o fiel faça determinada coisa que Deus quer. – *Deus quer que você dê um valor mínimo de cem reais para essa obra.* Isso Deus não falou e não está na Bíblia. Foi invenção dele. – *Deus quer que você seja generoso e contribua para a construção dessa nova obra.* É um jeito muito delicado de falar, mas Deus não disse isso.

Às vezes, a gente põe na boca de Deus o que ele não disse, nem diria. Até poderia dizer, mas não disse. Temos que tomar cuidado com essas expressões. Algumas coisas são claríssimas. Deus quer que sejamos bons e amorosos. Quer que sejamos cuidadosos, que protejamos a vida, que cuidemos das crianças, da terra, da segurança e do amor, das pessoas que dependem de nós. Quer que façamos as pessoas se sentirem bem. Essas coisas Deus quer.

Deus não quer é uma expressão que também tem que se alicerçar na Bíblia. Caso contrário, a mãe ou a tia dirão para o menino: – *Deus não quer*, quando, na verdade, quem não quer são elas.

Tomemos cuidado! Há coisas que Deus quer. Estão na Bíblia. Há coisas que nós queremos e, para ter mais autoridade, usamos o nome de Deus. Isso é errado, não importa se é bispo, padre, pastor, reverendo ou rabino que fala. Não temos o direito de pôr na boca de Deus o que queremos que aconteça. É usar seu nome em vão. O discernimento é uma virtude muito grande. Ligue o rádio e ouvirá. Há muita gente prometendo o que Deus não prometeria. Aprendamos a não dizer que Deus quer, quando quem quer somos nós. Anunciemos o amor de Deus, mas não usemos seu nome em vão!

54
NÃO DIGAM QUE DEUS MANDOU

> *Eu não os enviei, não os indiquei, nem lhes falei.*
> *Estão profetizando falsas visões, divinações, idolatrias*
> *e devaneios de suas mentes* (cf. Jr 14,14).

Continuemos no tema: "Deus disse". É bom ler a Bíblia com cuidado e atenção. É um grande ato de humildade não aplicar as partes boas somente a si mesmo e as ruins aos outros. Muito do que lá se diz contra os falsos profetas pode ser aplicado a nós, que anunciamos Jesus ou o Pai. Provavelmente, aqueles autonomeados profetas, aos quais Jeremias se refere, achavam que Deus estava realmente lhes falando. **Há muita gente que acha que foi Deus que disse o que eles andam dizendo que Deus lhes disse.** Por falta de critérios, discernimento e humildade de perguntar a outros, acabam dando o recado que acham que ouviram. Profetas podem se enganar e se enganam. Até os grandes profetas disseram e fizeram coisas que certamente não foi Deus quem os mandou fazer. Não pode ter sido Deus, porque ele não é mesquinho.

Quando fiéis mataram sacerdotes de Baal diante do altar (cf. 2Cr 23,17), e até o profeta Elias mandou matar 450 sacerdotes desse ídolo, que acabara de ser derrotado por graça de Deus, foi um mal-entendido (cf. 1Rs 18,40)/(cf. 1Rs 19,1). Deus jamais daria tal ordem. Às vezes, os profetas se excedem e fazem coisas que, depois, atribuem a Deus.

Moisés tinha acabado de interceder a Deus em favor dos pecados de seu povo, e Deus acabara de perdoar. Desceu da montanha e viu os adoradores do bezerro de ouro. Mandou matar três mil deles (cf. Ex 32,20-30)/(cf. Dt 9,1-21). Estranhamente, poupou seu irmão Aarão, que dera permissão para ser feito o bezerro de ouro. Pecara até mais do que os outros, mas foi poupado. Deus não mataria, nem cometeria tal injustiça. Aquelas mortes ficaram por conta de Moisés, mais general do que profeta naquela hora. Deus lhe fez ver que não entraria na Terra Prometida porque ele e Aarão, que já tinha morrido, não tinham agido corretamente perante Deus e os israelitas (cf. Dt 32,51). Talvez tenha sido por atos como aquele.

Há um tipo de comportamento e de idéia fixa que obnubilam a mente do crente convicto demais, a ponto de achar que Deus mandou quando não mandou e espalhar que Deus abençoou seu crime. Infelizmente, não foram poucos os casos de crentes confusos que mataram seus filhos ou envenenaram sua comunidade em nome de Deus. Pregadores tidos como homens de Deus mandaram matar, ou se calaram, quando autoridades matavam gente de outra religião. Há um lado triste na noite de são Bartolomeu, mas também é sombrio saber o que houve com Calvino e Zwinglio. (Consulte a respeito deles na *internet*.) Muitos fundadores de Igreja e movimentos religiosos e papas eram homens irados demais. Deus não mandou usar de violência.

Morreu muita gente dos dois lados, porque um rei, um príncipe ou um pregador achavam que, em nome da verdade, podiam matar ou mandar matar os do outro lado. Não estamos inocentes, nem os católicos, nem os evangélicos. As histórias dos profetas judeus nem sempre são bonitas de se contar, assim como as de alguns papas e fundadores de religião.

Na década de 1970, um enlouquecido pastor americano viveu em Belo Horizonte, MG. Ao regressar aos EUA, fundou uma comunidade de estrita observância da Bíblia. Não podendo mais conduzi-la como queria, comprou terras nas Guianas, sempre seguro de que Deus o queria formando um povo santo, especial e sem mancha. Quando viu que seu sonho não dera certo, envenenou todos os seguidores. Sua história é tão dolorosa que, em respeito aos evangélicos sinceros e bons, nem faz sentido mencionar seu nome. Foi em 1978. Evangélicos e católicos que leram História Universal sabem o que pode acontecer quando alguém se acha intérprete inconteste da verdade e profeta com plenos poderes.

Nós, católicos, também que já tivemos os nossos inquisidores e sabemos o mal que eles fizeram.

Todo cuidado é pouco quando se tem dinheiro e poder nas mãos. A profecia costuma ser um grande poder. Se não tiver humildade tão grande quanto seu dom de profecia, o profeta pode acabar fazendo loucuras em nome da ordem e do poder e, depois, atribuir a Deus o que Deus jamais faria!

Não diga que Deus mandou sem antes perguntar a muita gente séria, e até mais importante que você, se foi mesmo Deus quem disse. Não aceite cegamente as ordens de seu líder e profeta só porque ele diz que Deus está mandando aquilo. Profetas, às vezes, inventam!

55
ATRAPALHADORES DE DEUS

É triste, mas é verdade. Alguns de nós somos incapazes de deixar Deus agir. Não pedimos e não aceitamos a sua ajuda. Somos auto-suficientes. Pior ainda: somos capazes de nos opor à sua ação nos outros. Não queremos ir para o céu, nem deixamos que outros o procurem (cf. Mt 23,13). São os apagadores de velas. Não admitem nenhuma outra vela acesa, além da que eles acenderam.

É justamente sobre tais pessoas que Jesus falava quando dizia que as ofensas dos seres humanos vão ser perdoadas, até mesmo as dirigidas a ele. Mas as ofensas feitas ao Espírito Santo não seriam perdoadas (cf. Mt 12,31). Por que Jesus diria uma coisa dessas? Existe um pecado que não é perdoado nunca, nem nesta nem na outra vida? Mas Deus seria capaz de não querer ou não poder perdoar alguém? Logo Jesus, que é cheio de misericórdia, que veio falar de um Deus que perdoa sempre (cf. Mt 6,14), que devemos perdoar setenta vezes sete vezes (cf. Mt 18,22), que veio dar nova chance de céu, que veio para resgatar o que havia perdido... (cf. Mt 10,6; 15,24; Lc 15,6). Logo Jesus, que a vida inteira passou dizendo que Deus perdoa, como é que agora ele diz que existe um pecado que não será perdoado, nem nesta nem em outra vida?

O que Jesus disse é que existe um pecado de resistência ao amor. É mais ou menos como a teimosia do moleque que apaga toda a luz que alguém acende. É como dizer em desafio: – *Deus é bom e é santo, mas eu não estou nem aí para isso! Não quero nada com a santidade dele!* É ir contra a santidade de Deus em si e nos outros. É uma forma de desprezo: – *Sai pra lá, Deus! Não percebeu que não quero você?* Seria como comer a comida e cuspir na mão de quem a deu.

É isso o que ele diz a respeito das pessoas incapazes de ver beleza nos outros. Não é aquela incapacidade do tipo: – *Ai, eu não consigo!* Se não consegue, Deus vai perdoar. Se a pessoa tentou de todas as maneiras, mas não conseguiu, é outra história. Deus está vendo que a pessoa não tem má intenção. Ela não está conseguindo se livrar do sofrimento e da mágoa. Não é dessas pessoas que Jesus está falando – das que não conseguem, embora queiram. Ele está falando daquelas que, se fizessem um pequeno esforço, conseguiriam, e também das que não querem nem tentar; está falando daquelas que decidiram peitar Deus: – *Eu não quero Deus. Ou é do meu jeito, ou Deus que se dane!*

Os salmos falam desses indivíduos quando dizem: *O insensato, no seu coração, diz que Deus não existe e age como se Deus não existisse. Desafia e se ri de Deus.* Jesus diz coisa semelhante quando avisa os fariseus que morreriam neste pecado (cf. Jo 8,24).

Os que ridicularizam Deus correm o grande risco de perder-se por terem resistido aos fatos. Corruptos e corruptores contumazes, traficantes, terroristas e assassinos profissionais são pessoas que desafiam Deus. Correm o risco de não serem perdoados nem nesta, nem em outra vida, porque escolheram viver da morte e da desgraça alheias (cf. Mc 3,29). Entre eles, estão, também, os que presenciaram milagres com os próprios olhos e disseram que foi Belzebu quem fez; aqueles cujos corações estavam tão endurecidos que não acreditavam que o poder de Jesus vinha de Deus (cf. Mt 10,25; Mt 12,24). Também aqueles que, como Simão, o Mago, tentam comprar poder espiritual a peso de ouro ou de embuste e criam falsos milagres para terem mais adeptos.

Essa gente não tem o Espírito de Deus, nem sabe ver beleza nos outros. Jesus considera inimigos de Deus não apenas alguns ateus, mas também alguns religiosos. **Os fanáticos, por exemplo, são crentes que amam tanto suas Igrejas, que não conseguem amar a Deus o suficiente para vê-lo nas Igrejas dos outros.** Jesus disse que não iria reconhecer nem mesmo os que fizeram milagres, mas não acolheram nem ajudaram os outros. Iremos para o céu, não pelas palavras bonitas que soubemos gritar em público, nem pelas palavras de ordem que nossas Igrejas mandavam gritar, mas pelas coisas bonitas que soubemos fazer, sem alarde, nem toque de trombeta.

De tanto gritar que foram escolhidos e que serão vencedores, alguns crentes acabam combatendo não apenas o pecado que os ameaça, mas também qualquer outro crente que ameace a sua hegemonia naquela cidade ou naquele país. Foi exatamente isso que levou os fariseus e saduceus a perseguirem Jesus e seus discípulos. Achavam-se tão escolhidos, tão vencedores e tão eleitos, que quem orasse diferente deles só podia vir do diabo! E foi a eles que João Batista e, depois, Jesus deixaram claro que nome e título não levam ninguém para o céu. Deus pode transformar pedras em filhos de Abraão (cf. Mt 3,9). *Ponham na sua cabeça que Deus não precisa de vocês se não querem ouvi-lo...*

Existem pessoas dentro da religião que são incapazes de ver Deus agindo nos outros, assim como os fariseus eram incapazes de ver Deus agindo em Jesus. Por isso, inventaram que Jesus agia em cumplicidade com Belzebu. Atribuíram o poder de Jesus a Satanás (cf. Mc 3,22), porque eles não podiam admitir que Deus estivesse agindo nele: Jesus não era da religião deles, nem da seita deles! Como se metia a fazer esses milagres? Se não concordava com eles logo, era do demônio (cf. Jo 7,20).

As coisas não mudaram muito. Infelizmente, os fariseus daquele tempo estão bem representados nos dias de hoje pelos fanáticos que não admitem que, em outra Igreja ou noutro movimento da mesma Igreja, possa haver graça de Deus. Dão um jeito de colocar nas trevas e no inferno quem ousa pregar de maneira diferente da deles ou não ler a Bíblia com o mesmo grau de miopia que o deles. Se eu li e entendi isso, como é que você ousa ler e entender de forma diferente? Se não tirou as mesmas conclusões que eu, é porque você não leu direito! É esse o raciocínio deles!

Os fariseus fizeram exatamente isso com Jesus. Leitura e interpretação correta da Bíblia, isso era com eles. Os doutores da lei eram eles... Não tinham que ouvi-lo, mas sim ensiná-lo e corrigi-lo.

Os fariseus modernos, que resistem ao Espírito Santo, às vezes estão dentro das fileiras dos que dizem falar em nome dele. Não admitem de jeito nenhum que Jesus esteja numa outra Igreja e que um membro dela ou de outro movimento da própria Igreja conheça Jesus como eles o conhecem. Não lêem. Não ouvem, nem cantam o que os outros cantam. Tudo tem que ser do jeito deles. São caracóis. Tudo tem que ser deles: padres, pregadores, livros. Se palavras e canções não forem as deles, não servem, por mais bonitas que possam ser. Se não tiverem o tempero deles, não prestam!

Quem abertamente condena qualquer pessoa que não seja da Igreja dele abertamente vê demônio em qualquer pessoa que aja diferente dele. Quem abertamente diz que *é Satanás quem está agindo em outra Igreja; que milagre só ocorre na Igreja dele; que Jesus está só na Igreja dele; que conhecimento, só o dele, e que amar a palavra de Deus, só ele,* esse é o tipo de indivíduo que resiste ao Espírito Santo. Depois que Jesus o renovou, ninguém mais pode ser renovado de outra forma!

Os outros? Bem! Os outros são crianças imaturas; ele é filho da luz; os outros vão para o inferno se não forem para a turma dele. Convertido de verdade, só ele!

Esse tipo de comportamento é igual ao dos que resistiram ao Espírito Santo no tempo de Jesus. Não querer ver a graça de Deus brilhando nos outros é uma agressão ao Espírito Santo. Acreditar que o sol de Deus brilha só no quintal da gente e não admitir que a luz de Deus possa brilhar no quintal do vizinho é diminuir Deus.

Todo fanático é um forte candidato a não ser perdoado nesta vida, nem em outra. É orgulho demais achar que Deus só age em gente como nós. Pedro diz que Deus rejeita os orgulhosos (cf. 1Pd 5,5; Pr 3,34). Não é à toa que a Bíblia diz que o primeiro pecado do mundo foi o de orgulho: – *Sereis deuses* (cf. Gn 3,5). Não satisfeitos, seus descendentes ergueram uma enorme torre para mostrar que podiam chegar até Deus. Tinham dinheiro e poder para isso. Ergueram sua torre... Deu no que deu!

56
INCAPAZES DE PERDOAR

Penso que, sem Deus, fica mais difícil perdoar quem quer que seja. Existem pessoas para quem perdoar é muito difícil. Umas porque se sentem pequenos deuses, outras porque a ferida ainda não cicatrizou. Dói muito, e elas se lembram de quem a fez. São pessoas literalmente incapazes de perdoar. Existe alguma coisa dentro delas – talvez por influência do passado, pelos sofrimentos e bloqueios de infância, por terem sido muito magoadas e agora não se permitem perder mais – que faz com que entendam que perdoar é perder. Se perdoassem, perderiam. Por isso, não perdoam.

Quando elas medem a extensão da ofensa, às vezes até pequena, e calculam as conseqüências que poderiam lhes advir ao deixarem a ofensa passar, olham para si e não se admitem menores que o ofensor. Para elas, perdoar é perder. Então, seu coração planeja retrucar e revidar. Acham que, se não retrucar, seu coração ficará "inferiorizado". Ninguém pode pisá-los, ninguém pode supor que é mais do que ele ou ela, ninguém pode achar que leva vantagem sobre ele ou ela, ninguém pode fazer um desaforo contra eles e sair ileso.

Não revidam na hora, mas depois dão o troco. O outro precisa saber que não pode fazer aquilo que fez. Não vai fazer aquilo nunca mais, porque eles vão dar o troco! Perdoar nem pensar! Não cabe na cabeça deles a idéia do perdão. Não podem perder! Esse era um conceito que permeava algumas religiões e ainda permeia. **Não podemos perder, porque somos os filhos prediletos de Deus e já perdemos demais. Somos vencedores, temos que vencer! Deus nos reservou a vitória!**

Quando Jesus apareceu com sua mensagem de perdão e misericórdia, de fazer bem ao inimigo e orar pelos que nos perseguem e caluniam, houve um rebuliço. As pessoas não entendiam isso. Jesus foi mais longe e acentuou que era aquilo mesmo; a sua doutrina era de perdoar, inclusive o inimigo (cf. Lc 6,27-37)/(cf. Mt 5,43-45).

Por isso, o perdão é uma das características da religião cristã. Para nós, perdoar não é perder. As pessoas confundem o verbo **perdoar** com **perder**, mas não é a mesma coisa. Um deriva de *perdere:* perder, e outro de *per-donare*: dar mais do que o devido. As mães perdoam, mas nem por isso perdem; os pais perdoam, nem por isso perdem. Aliás, quem nunca perdoa é o que perde. Deus perdoa, mas nem por isso perde. Quem perdoa ganha, porque acumula brasa na cabeça do outro que o ofendeu. Jesus retrucou e devolveu com o bem em lugar do mal. Disse que era para fazer isso mesmo, porque a vingança compete a Deus. Nenhuma pessoa deve se vingar. Perdoar é a vocação de todo aquele que quiser segui-lo. O perdão é de Deus e é nosso; a vingança só a Deus pertence! E ele a usa pouco! Mais *re-educa* do que pune!

Por isso, é muito bom que as pessoas parem, pensem e repensem. Se forem capazes de perdoar, são cristãs. Se não forem capaz de perdoar, ainda não chegaram lá.

57
INCAPAZES DE AMAR

Há pessoas incapazes de amar. É a prova de que ainda não conhecem Deus. A graça não os tocou! São incapazes de dizer uma palavra bonita, de acolher, de "perder tempo" com alguém, de pedir perdão e de preocupar-se com a dor dos outros. Em algum momento da juventude, alguém os colocou na defensiva, e eles sentem que o mundo lhes deve alguma coisa: o mundo e as galáxias! Eles não acham que devem nada a ninguém. Por isso, posam de "reis" e "rainhas" ofendidos, que não precisam fazer nada por ninguém, a não ser quando têm interesse de ganhar e lucrar alguma coisa. Do contrário, não fazem nada. Mas as pessoas têm que fazer por eles e por elas tudo o que exigirem, porque o mundo lhes deve alguma coisa. O mal que fizeram não conta. Conta apenas o mal que alguém lhes fez.

A pessoa incapaz de amar é incapaz de colocar-se na pele do outro, incapaz de gestos grandiosos, incapaz de gestos de ternura, a não ser quando leva vantagem. Não existe altruísmo. O outro não é importante na sua vida. Esquecem ou minimizam os presentes que receberam. Não agradecem.

Será que existe gente assim, egoísta? Infelizmente, as notícias de filhos que matam os pais e de amigo que matou o outro para ficar com o dinheiro mostram que tais pessoas existem. As que matam, passam drogas, andam armadas e, por qualquer coisa, atiram; aquelas que, por qualquer motivo, jogam pedras nos outros; aquelas que não hesitam em caluniar, sustentar uma calúnia ou derrubar os outros; que não podem ver ninguém feliz ou sendo elogiado que logo acrescentam um "mas, porém, todavia, contudo", em geral, têm dificuldade de amar.

É um problema muito sério a incapacidade de amar. Não é que não queiram. Querem, mas não conseguem. Outros não querem, não conseguem e não fazem o menor esforço. Está bom assim! Estão lucrando com isso! Querem ser temidos! As gangues agem desse modo.

O escorpião que se vê cercado pelo fogo se pica, diz o povo. O fato é que existem pessoas que se ferram. Daí a expressão "ferrar-se". Aquele que não consegue amar precisa de ajuda. A ajuda existe no campo da medicina, em que especialistas em comportamento humano levam as pessoas a estabelecerem diálogos, paradigmas, convivência. Enfim, ensinam a conviver. No campo da religião, existem as Igrejas que mostram a importância da fé, para que a gente descubra que ninguém é Robson Crusoé, perdido numa ilha da vida.

Amar é uma graça... Quem não consegue amar deve pedir esse dom. Das enfermidades da vida, certamente a pior é a da infelicidade. Das enfermidades que provocam a infelicidade, a pior é não saber amar. Não julguemos quem não sabe amar. Muitas vezes, quem os julga também não sabe!

58
INCAPAZES DE ORAR

Há pessoas para quem orar é uma segunda natureza. Sentem necessidade de falar com o Criador, dialogar com Deus. Precisam desse encontro com a divindade e com o sobrenatural, precisam falar com o céu e falam com a maior naturalidade, porque acreditam que o céu as ouve. Afirmam e apostam que lá no céu está o Criador e ele é Pai. Acreditam num Deus acolhedor, paternal, que se importa. Acreditam também que muitas pessoas já foram para o céu. Por isso, conversam com essas pessoas que estão em Deus. Para elas, o trânsito entre a Terra e o céu é sereno e tranqüilo. Em sua cabeça e também em seu coração, estão convencidas de que Deus ama, ouve, interessa-se, importa-se. Acreditam também que quem está com Deus ama, ouve, interessa-se pelos daqui da Terra.

Não é a mesma coisa para aqueles que não têm o hábito de rezar e para quem orar é difícil. Não é que eles não queiram ou não acreditem. Eles crêem! Apenas não acreditam o suficiente para toda hora conversar com Deus. Por vezes acreditam, mas não amam o suficiente para poder se comunicar com o seu Criador e Pai. Orar é, primeiro, mais do que questão de crer que uma questão de amar. Você pode crer que Deus existe e não querer se comunicar com ele. Mas, se ama, quer se comunicar. É por isso que os namorados se telefonam, procuram-se e escrevem cartas, os amigos se procuram via *internet*, pais e filhos sentem saudade, passam *e-mails*, gastam até o que não podem com telefone, escrevem cartas, mandam recados. Querem se comunicar! Quando é possível se visitam, chamam: – *Vem cá! Estou com saudades, me dê um beijo! Oi, filhão, faz dois meses que não o vejo!*

É assim! Quem ama quer ouvir e se comunicar. À medida que o amor vai acabando, as pessoas querem se ver menos, os telefonemas rareiam, acham o outro chato e querem distância. O sentimento estremeceu. Não há o que conversar. Estando bem, querem se ver. Quanto mais se amam, mais querem se ver. Quanto mais se desejam, mais querem se encontrar, falar, pedir, doar, dar carinho! No plano espiritual, é semelhante. Se você de fato crê em Deus e, além de crer, ama, então você terá vontade de falar com ele, abrir o coração, não só a seu respeito, mas também a respeito dos amigos.

Para algumas pessoas, orar é fácil, porque são capazes de muitas outras virtudes. Amam, elogiam, ouvem, pensam e perdoam. Por isso, também, são capazes de orar. Nem todo mundo descobriu a oração como doação. É por isso que devemos, de vez em quando, abrir nosso coração para Deus e dizer o que nos vai à alma. Mesmo que a gente o diga com dor e até brigando com Deus, como Jacó, que brigou a noite inteira com um anjo de Deus. Foi uma comunicação e tanto! Moisés discutia com Deus, mas o amava (cf. Ex 34,9-12). Pedro discutia, e até chegou a negar Jesus, mas era amigo (cf. Mt 16,23; Mc 14,72). Tinham o que conversar! Amigos sempre têm (cf. Jo 21,15-19)!

Amar não quer dizer concordar com tudo. Quer dizer abrir o coração. Às vezes dois amigos discordam, mas continuam amigos de verdade. – *Você me fala umas verdades doídas, mas, sem você, o que seria de mim?* Amigo faz essas coisas. Deus também! Diz verdades que nos sacodem; em compensação, nós também devemos dizer a ele as verdades doídas que estão lá dentro de nós.

Falemos com Deus. Quem não é capaz disso peça essa graça, porque orar é uma graça. Nem todo mundo a descobriu. É sempre gratificante saber que alguém quer o autógrafo e um dedinho de prosa com o criador de uma canção ou com o autor de algum livro notável. Você não gostaria dessa chance? Então, por que será que a gente não sente a mesma vontade de pedir um autógrafo e um dedinho de prosa com aquele que nos criou?

59
TIRARAM O "D" E O "S"

A presença de Deus no mundo anda ameaçada. Tempos atrás, num muro de uma loja, vi esta inscrição: "Vendem-se sapatos". Alguém apagou as letras iniciais da palavra sapatos e, de longe, parecia que estava escrito patos (vendem-se patos) – brincadeira de mau gosto. Descaracterizaram a loja. Trabalho de moleques. O que andam fazendo com Deus, ultimamente, é a mesma coisa. Já tocamos no assunto. Com enorme facilidade, usa-se o nome de Deus para fins espúrios.

> – Deus quer, Deus me disse, Deus espera isso de vocês, Deus mandou dizer... Esta noite, Deus me falou... Demos uma nova obra para Deus. Deus quer este templo! Se nos ajudarem, estarão ajudando a Deus... Deus mandou matar estes infiéis!

O comediante acaba de contar uma piada suja e diz que jura por Deus. Brinca-se com o nome dele em toda a parte. A moça que acabou de posar nua para a *Playboy* diz que, "graças a Deus", aquilo lhe abriu as portas, e a revista vendeu muito. A outra diz que Deus a ajudou a comprar um apartamento com o dinheiro que ganhou posando nua. O outro garantia que, ao aderir àquela Igreja, ganhou de Deus uma loja, um carro e uma casa na praia, tudo porque pagou o dízimo a Deus. A barganha foi boa! Deturpou a idéia do dízimo. Virou investimento em vez de agradecimento.

A conclusão é óbvia: ou Deus mudou e não faz mais questão de tudo aquilo que há milênios vem ensinando, ou cedeu ao *marketing* e anda ajudando quem dá mais para determinada Igreja ou para quem mais usa o nome dele, sem exigir nada mais do que o *marketing*. Ou, ainda, o que parece o mais óbvio, tiraram o **D** e o **S** da palavra **DEUS**, e o que sobrou anda se fazendo de porta-voz dele. Nós, pregadores, precisamos tomar muito cuidado com o uso do nome de Deus. Sem o perceber, andamos suprimindo o D e o S para que apareça o EU. Existem muitos "eus" na mídia. Preste atenção a certos programas e conte quantas vezes o animador usa o nome dele e a palavra eu... Também entre os religiosos. E ainda dizem que fazem aquilo para glorificar o Senhor... Será?

60
INCAPAZES DE VIVER JUNTOS

Incapaz de sentir junto é uma afirmação que aponta para muitas coisas. Sugere, em primeiro lugar, a palavra *com*. Daí vem: *com-paixão, com-miseração, co-lega, com-padre, com-madre, com-igo, com-unidade, com-unhão*. Tem sempre a palavra *com* na frente.

Existe gente que não é capaz disso! E não é capaz por uma série de sofrimentos. Não aprendeu em casa, na escola, no bairro a ver o valor do outro ou a vida, ao menos por alguns minutos, pelo ângulo do outro. Não consegue fazer amizades e, quando faz, agarra-se apenas àquele amigo, enche a paciência dele, porque não é capaz de fazer amizade com mais ninguém. São pessoas problemáticas. Não admitem que o outro possa ter bons sentimentos ou sentir dor. Então pisam, ofendem, magoam, vingam-se, porque não são capazes de sentir. Vale o que elas sentem, só aceitam o que eles querem. Nenhuma renúncia! Os outros que se adaptem às suas necessidades. Estão no mundo para amar uma só pessoa. O resto que se ajuste. Escolheram-se e rejeitam todos os outros.

Sentir junto é colocar-se, de vez em quando, ao lado do outro e ficar olhando a montanha perto dele: *O que será que ele vê? Como será que ele sente? Onde e quanto será que dói para ele...? Será que o que dói para mim dói para ele do mesmo jeito? Será que ele também pensa como eu penso?* Sentir junto é tentar entender por que o outro é assim, por que age assim, por que sofre, por que chora, por que bebe tanto, por que faz isso e aquilo.

A gente procura entender o que levou aquela moça à prostituição, o que levou aquele rapaz a se tornar michê, o que levou aquele outro a roubar e o que fez desse sujeito um mendigo. Como era ele antes?... Tentar entender a vida sob o ângulo do outro é um sentimento que depois desperta compaixão, comiseração, companhia, companheirismo e, quem sabe, uma comunidade! A graça de sentir *com* o outro é profundamente cristã. Jesus veio estar conosco. Shekinah, Imanência, Emanuel; Deus conosco.

Falamos de um Jesus que sentia pena do povo e até antecipava o milagre, como no caso da viúva de Naim e, seu filho morto (cf. Lc 7,11-16). Sentia dó. Nós nos lembramos de um Jesus que sentiu pena, chorou sobre o túmulo de Lázaro e sentiu compaixão por Maria, irmã de Lázaro, e Marta (cf. Jo 11,38-44). Jesus sentiu *com*, e queria os discípulos *com* ele: *Não podeis fazer comigo uma vigília* (cf Mt 26,40) *de uma hora?* Jesus era um homem sensitivo, sensível, compassivo: sentia *com*, queria estar *com*: *Ansiei ardentemente comer esta Páscoa convosco* (cf. Lc 22,15). Gostava da palavra *com*, por isso fundou a primeira comunidade de discípulos, veio estar *conosco* e disse que estaríamos *com ele no céu* para sempre, com ele e "com o Pai". Usou a palavra *com* magistralmente, e a usou muito bem.

Faz parte da essência do cristianismo a palavra *com:* juntos, juntos, juntos... É assim que se faz Igreja. Por isso, as celebrações são para todos juntos. Por isso, oram em público, todos juntos. Por isso, os sacramentos são para todos juntos. Por isso, todas as cerimônias congregam o povo de Deus para, juntos, louvarem o senhor.

Existe a oração individual, que é muito importante. Mas a Igreja desaconselha uma pessoa a viver só disso. Não é por aí. Também é um caminho, mas ele passa e bifurca-se no caminho da comunidade. **Eu oro sozinho sempre que posso, mas quero orar com meus irmãos. Por isso é que eu vou à missa, ao culto. Não basta ter minha religião pessoal, eu quero partilhar. A partilha faz parte do cristianismo. Somos a religião da palavra repartida, do pão repartido.**

Com é uma palavra muito bonita. Existe gente que, infelizmente, é incapaz de compreender essa palavra. Oremos por tais irmãos, para que se sintam capazes de conviver. **Viver é relativamente fácil: conviver é que é difícil.** Mas não há outro jeito de construir uma sociedade mais justa!

61
EM BUSCA DO FILHO DE DEUS

Nasci no catolicismo e gosto muito de ser católico. Não tenho nenhuma vergonha em sê-lo e não peço desculpa nenhuma por crer como creio. Mas respeito também outras religiões. O espírita não pede desculpa por ser espírita; o evangélico não pede desculpa por ser evangélico. Nem eu peço por ser católico. Porém, sou dos católicos que vêem beleza nas outras Igrejas. Sou um dos cristãos que conseguem ver beleza, graça de Deus acontecendo nos outros. Acredito que a luz de Deus brilha no meu quintal, mas brilha também no quintal do meu vizinho. E acho que o mesmo sol que eu vejo aqui na América Latina o meu irmão que eu nunca vi, mas é meu irmão africano, vê lá na África, assim meu irmão chinês, entre 1,3 bilhão de chineses, também vê. Se bilhões de chineses e milhões de hindus vêem o mesmo sol que eu também vejo, daqui da minha janelinha, é porque o sol brilha para todos e todos são iluminados pelo mesmo sol.

Não relativizo. É claro que vejo mais valor na minha Igreja do que nas outras. Coisa de filho agradecido. Mas sou ecumênico por questão de lógica e inteligência. Respeito outras religiões e acho que estão certas em muitas coisas, mas não totalmente certas. Isso também acontece com a minha. Há acertos e erros nelas, e acertos e erros em mim. Minha religião tem valores e imperfeições e a deles também; minha religião leva ao céu e a deles também; minha religião ensina bondade e a deles também; minha religião me diz que eu tenho que fazer caridade e a deles também.

É claro que há diferenças. Existem coisas que elas ensinam e que minha religião não ensina; coisas que a minha religião ensina e das quais elas discordam. Nós também discordamos delas. Sobre a eternidade; sobre a outra vida; sobre voltar ou não voltar a viver aqui. Sobre a indissolubilidade do matrimônio. Nisso e em outros temas a gente discorda, mas não é por isso que vou amar menos meu irmão espírita ou aqueles que acreditam nessa doutrina. Também não vou gritar: *Hei, eu estou certo e você errado.*

Não vou brigar com uma pessoa porque ela prefere rosas amarelas. Eu gosto de rosas brancas. E daí? Nem por isso a minha é flor, e a dela não é. A briga religiosa é muito parecida com a do racismo: *Você é chinês, logo você não é tão bom como eu, que sou branco. Você é africano, logo você não é tão bom como eu. Você é negro, e eu sou branco, logo, eu sou superior. Humano, só eu!* Essa tolice se estende também a países: *Você é daquele paizeco. Quem é você para se comparar comigo, que sou de um país mais rico? Meu povo, sim, é que é povo. Minha nação é que é nação.*

Alguns religiosos fazem o mesmo: *Sua religião não é nada. Ela ensina mentiras. A minha, não! A minha só ensina a verdade. Por isso, Deus ilumina a minha Igreja; a sua, não! A sua está nas trevas! Vocês são criaturas, e nós somos filhos de Deus!*

Esse comportamento é típico de uma pessoa que não tem cultura. Não estudou história, nem quer saber. Não estudou sociologia nem psicologia. Não tem a mínima capacidade de ver beleza nos outros, porque é narcisista. Olha-se no espelho e diz: *Eu é que sou o bom. Eu sou o eleito, o fiel, o santo. Eu sigo fielmente o livro santo. Eu nunca traí Jesus. Sou convertido. Você, não! Por isso, um dia, nós governaremos o Brasil. O Senhor Jesus vai nos dar este país...* Se ainda não ouviu, há pregadores dizendo isso nos estádios e na televisão. Parece discurso de torcidas organizadas; aquelas que, ao saírem do estádio, quebram o pau em nome de seu time, que precisa vencer e, se não venceu, é porque alguém o prejudicou...

Enquanto uma pessoa não for capaz de ver a graça de Deus agindo também nos outros e de não entender esta frase de Jesus: – *Tenho ovelhas que não são do meu rebanho* (cf. Jo 10,16), mas são ovelhas dele; enquanto não entender a frase de Jesus: – *Quem não está contra nós está a nosso favor* (cf. Mc 9,40); enquanto não entender que os outros também amam a Deus, que os outros também são sinceros, que Deus também ama os outros, que Deus também vê a sinceridade dos outros, nunca vai poder se proclamar cristã.

É claro que existem idéias diferentes, jeito diferente de crer! As cabeças não foram feitas na mesma fornada; não somos todos pães do mesmo forno. Nem pães do mesmo forno são iguais; há os bem assados e os mal assados; depende do tempo em que foram expostos ao calor.

Assim é a fé. Por isso, é muito perigoso esse tipo de comportamento, esse ar de superioridade de uma religião sobre a outra, dizendo: *Nós temos a verdade. Nós somos os porta-vozes. Deus falou apenas por meio de nós.*

É loucura. É fanatismo achar que só nós somos os porta-vozes de Deus e só nós podemos falar de Deus. **A verdadeira religião respeita; a falsa vive da suspeita e age como seita.**

Se estou na Igreja Católica é porque a acho mais certa e melhor, mas não sairei por aí ofendendo a dos outros, que tem muitos valores também. Posso até não concordar com meu irmão de outra fé, mas ele é meu irmão. Posso até não pensar como ele pensa, nem orar como ele ora, nem encarar a religião e a fé como ele; posso achar que, talvez, eu tenha mais informação do que ele. Mas isso não me dá o direito de achar que sou superior. Pode acontecer que, no último dia, ele entre e eu não entre no céu, mesmo tendo freqüentado a melhor Igreja (cf. Mt 7,21-23).

Jesus falou duro sobre isso. Disse que muitos viriam, no fim dos tempos, com esse papo: *Senhor, senhor! Lembra-se de nós? Profetizamos no seu nome, em seu nome expulsamos demônios, nós éramos os seus porta-vozes.* Jesus disse que vai falar: *Não os reconheço.* É que ele conhecia os fariseus da época e os que os seguiriam.

A capacidade de conviver é a arte de elogiar e ver beleza nos outros. Experimentemos! Escolhi a Igreja Católica e a acho a melhor, mas não negarei o que há de bom nas outras.

62
INCAPAZES DE PEDIR PERDÃO

Os incapazes de arrepender-se também são incapazes de pedir perdão. Não é nem mesmo uma questão de não querer se arrepender. Gostariam de se arrepender: – *Puxa vida... Ando bebendo e não consigo parar. Admito que estou errado, mas não consigo mudar. Sei que isso é errado, mas não consigo parar.*

Existe a pessoa que simplesmente não é capaz de voltar atrás no que faz. Um sentimento que não consegue controlar a faz dizer: *Fiz e não me arrependo. Tudo o que eu faço é certo e, se não deu certo para você, azar. Eu fiz e não me arrependo. Eu sei o que faço.* Isso é da boca para fora, porque, lá dentro daquela cabeça, muitas vezes, existem dúvidas; lá, naquele coração, fica um vazio pelo palavrão que disse e diz contra os pais, pela violência que cometeu e comete contra a mulher e os filhos, pela droga que passou e passa, pela morte que traz na consciência, por aquele pecado que ele sabe que fez e machucou. Alguma vez, isso pode acontecer conosco. E a gente se pergunta: *Meu Deus, eu machuquei! Por que é que eu fiz? Onde que eu estava com a cabeça?* Alguma vez, pode passar no coração de qualquer pessoa normal: *Por que eu bati no meu filho? Por que disse aquilo para minha mãe? Ela não merecia isso! Foi na hora da raiva, eu não devia ter feito isso!*

Alguma coisa, um dia, tem que doer na consciência desse homem ou dessa mulher que caluniou, que contou uma história toda deturpada sobre um fato e, agora, a pessoa não tem mais ambiente onde mora. Será que não dói? Alguma hora tem que doer, a não ser que seja um animal. Se for um ser humano, alguma hora vai doer. E a consciência vai dizer: – *Eu não devia ter feito.* Ninguém de nós está livre disso! Ninguém! É isso que as religiões chamam de arrependimento, contrição, tristeza por ter errado, vontade de não ter errado, desejo de não errar mais, de fazer penitência, de assumir a culpa, de pedir desculpas e de tentar reparar.

Mas isso exige humildade e um coração, ao menos em parte, humano, capaz de dizer: – *Sim, eu fui injusto. Sim, sou um ser humano que pode errar. E errei. Não sou superior a ninguém. Não sei onde estava com a cabeça. Meu Deus, eu não quero mais errar!* O arrependimento só pode acontecer com a pessoa que descobriu a humildade: – *Não sou mais do que ninguém. Eu me arrependo! Se arrependimento matasse, eu estaria morto!*

Por isso, feliz de você que pode dizer: *Fiz, mas não quero mais fazer. Eu nem sei se palavras resolvem... O que eu posso fazer para reparar esse erro? Pode me desculpar? Pode me perdoar? Pode me dar uma chance? Eu posso provar que mudei? Não faço mais isso!* Se for capaz disso, você é verdadeiramente arrependido. Pense nisso duas, três, dez vezes. Deus, pelo que diz a Bíblia, vai lhe dar a graça da qual precisa para nunca mais magoar os outros. Tomara que os magoados se lembrem do bem que você também lhes fez. Ameniza!

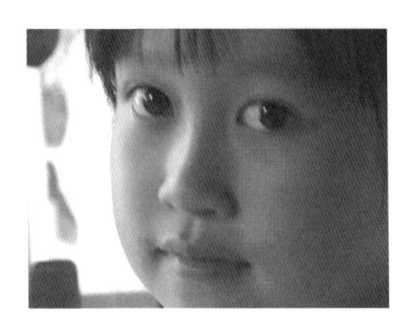

63
MORRER PENSANDO EM DEUS

Um espanhol ateu, bondoso e gentil amigo meu, que faleceu há mais de 35 anos, numa conversa apaixonada que teve comigo a respeito de Deus, padre jovem que eu era, disse, com lágrimas nos olhos:

> – Se o jovem padre acha que Deus existe e se o padre estiver certo, então diga a Deus que me receba com carinho lá no céu, porque aqui na Terra eu lutei pela liberdade do meu povo e pelos mais desgraçados e que gostei muito de estar vivo.

Nossa conversa durara mais de três horas, ele colocando suas dúvidas e eu tentando entendê-lo, mas sustentando minha fé. Ele tinha a vantagem de ter vivido e lutado em duas guerras. Vira mais do que eu e sabia mais de dor, de filosofia de vida, de sobrevivência e de morte que eu com meus 27 anos. Eu tinha a vantagem de não ter sido tão machucado pela vida. Ainda sonhava. Ele perdera os sonhos e, com eles, a fé.

Respeitei-o. Disse-lhe que achava que ele veria Deus e seria recebido com festa por muita gente que ajudou, na sua mercearia. Esboçou um sorriso feliz. Morreu algumas semanas depois, dizendo aos familiares que iria para o desconhecido, mas iria sem medo. E foi.

A memória desse ateu que morreu pensando em Deus, tendo como garantia não a sua fé, mas o seu amor pelos pobres e sofredores, acompanhou minhas pregações por muitos anos. São Paulo diz que um dia o que vai permanecer é o amor (cf. 1Cor 13,8-13), o resto passará. A fé e a esperança que o sr. José havia perdido voltaram àquela sua frase final: *– Diga a Deus que me receba com carinho lá no céu.* Sem ter lido a Bíblia, ele repetira o que Mateus afirma no capítulo 25, versículo 34. Considerava-se bendito por Deus e esperava sê-lo porque, na sua mercearia, deu de comer e beber e matou a fome de muitos pobres.

Muitas vezes, quando penso em Deus, me vem à memória dom José: ateu espanhol que viveu e morreu se questionando sobre Deus. Se um ateu gasta tanto tempo de sua vida preocupado com Deus, por que alguém batizado em nome de Jesus não faz o mesmo?

Minhas canções *Estou pensando em Deus* e *Cantiga por um ateu* foram compostas depois daqueles encontros. Como ele, eu gostaria de morrer pedindo perdão aos que magoei, pensando em Deus e sem medo nenhum do desconhecido! Tenho a impressão de que, ao chegar ao céu, ele descobriu que, afinal, o céu não lhe era tão desconhecido. Os pedaços de bacalhau e pão que ele havia dado a milhares de pobres nos últimos 30 anos de sua vida valeram-lhe um ingresso festivo no Paraíso. Gosto de imaginar isso! Imagino também que aqueles pobres retribuíram orando por sua conversão e conseguiram! Morreu querendo ver o Deus que, irado, muitas vezes ele negara! Achou Deus sem achar que o tinha achado!

Que toque a nossa mente esta parábola de Jesus: *Um fariseu egocêntrico, exibido e marqueteiro que se achava justo, achou que tinha achado porque era dizimista e bom de jejum e oração, mas não achara* (cf. Lc 18,12). *Um publicano de pouca fala reconheceu que era pecador e pediu perdão. Nem ousava levantar os olhos* (cf. Lc 18,13). *O que parecia santo não achou Deus. O que parecia menos santo o achou! Foi premiado por ser verdadeiro e humilde.*

Vinda de Jesus, a parábola faz pensar mil vezes. Será mesmo que achamos o Deus que dizemos ter achado? É a nossa fé suficientemente humilde para admitirmos que precisamos ouvir e ler mais sobre ele? A pergunta permanece!

José Fernandes de Oliveira
Taubaté, maio de 2005.
Faculdade Dehoniana
http://www.padrezezinhoscj.com

SUMÁRIO

Apresentação: A vila na montanha 5
1. Propagandistas de Deus 7
2. Que Deus é o seu? 9
3. O Ezaltino que viu Deus 14
4. Deus do jeito errado 16
5. Eu sei mais do que você 19
6. Toda vez que eu penso em Deus 21
7. A paisagem 22
8. Dentro demais para entender 23
9. Dois cientistas 25
10. Alguém me quis aqui 26
11. A Criação e o criador 27
12. O Deus onipresente 30
13. Aquele que é quem é 33
14. Deus existe e ama 35
15. Indescritível 36
16. Misterioso é o nosso Deus 38
17. Santo, mas acessível 40
18. O Deus que procuramos 41
19. O Deus que achamos ter achado 43
20. O Deus que nos procura 45
21. Sem Deus, não dá 47
22. Nunca ninguém viu Deus 49
23. Daqui do mesmo vale 51
24. O céu é mais adiante 52
25. O imenso colo de Deus 54
26. Não é tudo e não fez tudo 56
27. Criado por Deus 58
28. Criou também os outros 59
29. Criou e continua criando 61
30. Não criou por acaso 63
31. Sou irmão do caramujo 65

32. Importa-se conosco 67
33. Aquela gota de orvalho 69
34. Com arte e com ternura 70
35. Importa-se com os moluscos 72
36. Deus interfere 74
37. Deus ajuda 76
38. O Deus que dá 78
39. O Deus que nos arrebata 81
40. Olhar para onde? 85
41. Aonde é o onde de Deus? 87
42. Meu Deus e meu tudo 88
43. Deus deixa acontecer? 90
44. Deus determina? 93
45. Deus determina o futuro? 95
46. Nosso Deus é Santo 98
47. Deus permite o mal? 99
48. Por que Deus não agiu? 101
49. Não somos idólatras 103
50. Deus é seu ídolo? 105
51. Deus só acontece no conteúdo 106
52. Caluniadores de Deus 108
53. Não digam que Deus disse 109
54. Não digam que Deus mandou 111
55. Atrapalhadores de Deus 114
56. Incapazes de perdoar 118
57. Incapazes de amar 120
58. Incapazes de orar 122
59. Tiraram o "D" e o "S" 124
60. Incapazes de viver juntos 126
61. Em busca do Filho de Deus 128
62. Incapazes de pedir perdão 131
63. Morrer pensando em Deus 133

Impresso na gráfica da
Pia Sociedade Filhas de São Paulo
Via Raposo Tavares, km 19,145
05577-300 - São Paulo, SP - Brasil - 2005